Eva Katharina Hoffmann

Kanarische Blütenessenzen der Liebe

Wichtiger Hinweis für die Leser

Grundsätzlich ersetzen Blütenessenzen keine medizinische oder therapeutische Behandlung!

Zur Abklärung akuter und chronischer Erkrankungen suchen Sie bitte immer Ihren behandelnden Arzt, Heilpraktiker oder Therapeuten auf. Wenn in dem vor-liegenden Buch Begriffe, die in der Medizin gebräuchlich sind, wie beispielsweise Heilung, Therapie, Schock, Trauma, verwendet werden, so ist dies nicht im Sinne der Schulmedizin, sondern vorrangig im auf den seelischen Bereich übertragenen Sinn zu verstehen.

Für unsachgemäße Anwendung der Kanarischen Blütenessenzen und daraus resultierende mögliche Schäden aller Art wird weder vom Verlag noch von der Autorin Haftung übernommen.

Textredaktion: Eva Katharina Hoffmann
Martina Stolz
Helge Kerler

Lektorat: Karin Breyer, Freiburg i. B.

Gestaltung: Helge Kerler
identity design

Satz: Antonio Hernández Díaz

Fotografie: Helge Kerler
Eva Katharina Hoffmann
(Passiflora edulis, Schinus molle, Staphelia flavirostris)
Sergio Hernández Díaz
(Myrtus communis)
Uwe Lochstampfer
(Myrtus communis)

Lithografie: AZ Grafische Betriebe AG, Aarau

Druck + Bindung: STALLING GmbH, Oldenburg

Printed in Germany

ISBN 3-85502-873-7

Krankheit entsteht durch einen Konflikt zwischen Verstand und Seele. Diese Ursache erzeugt Störungen auf den körperlichen, seelischen und geistigen Ebenen. Hält der Konflikt längere Zeit an, kommt es zur Krankheit.

Menschen, die in ihrer Mitte sind, die sich selbst und die Schöpfung in Liebe annehmen und ihre Wahrhaftigkeit leben, können anderen Menschen auf ihrem Weg der Selbstheilung helfen und sie begleiten.

Blütenessenzen sind ein Geschenk der Natur und der geistigen Welt, um uns bei allen Bewusstwerdungsprozessen zu unterstützen.

Inhalt

Kapitel 1

Wie sich das Buch angekündigt hat

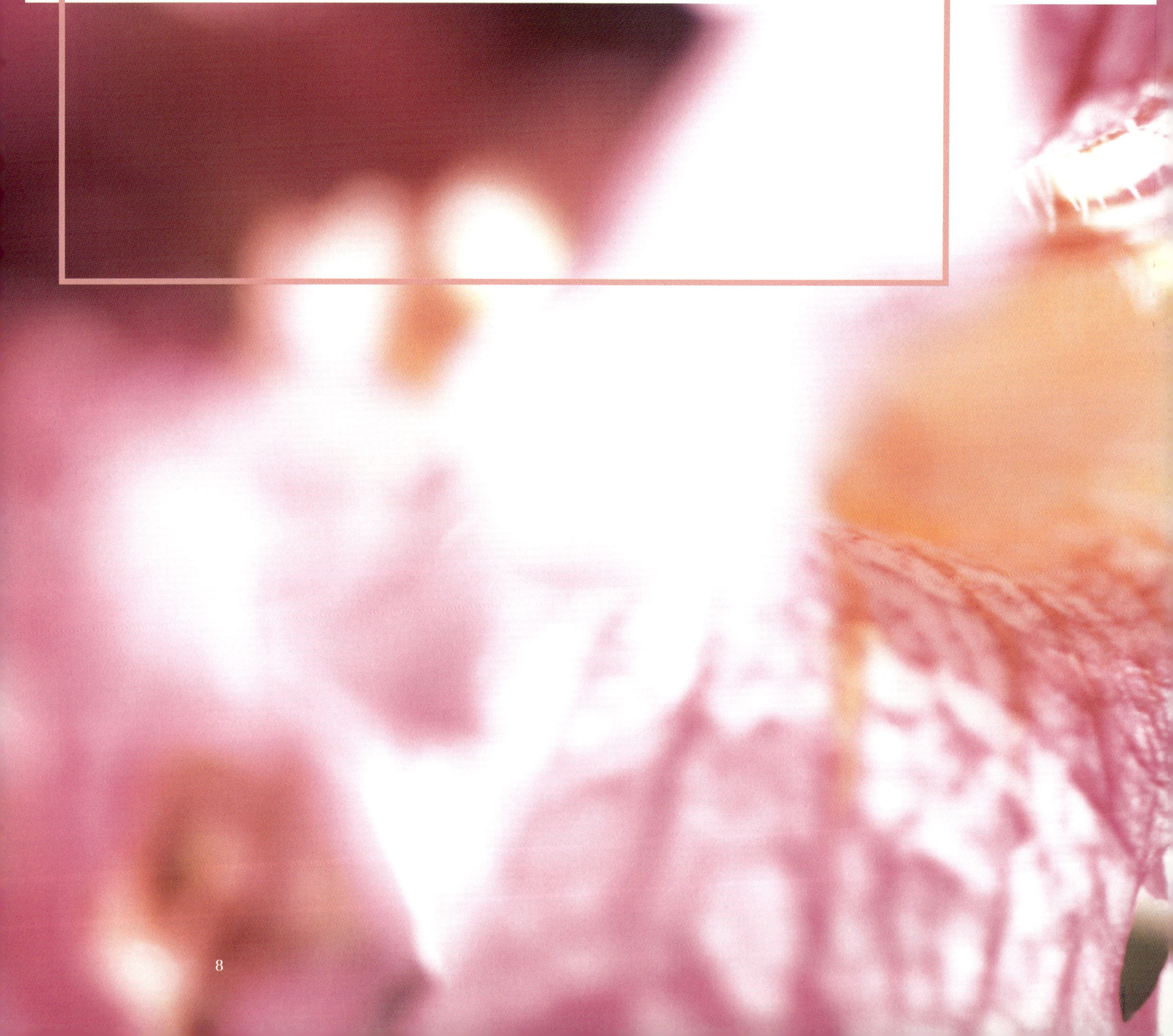

Dieses Buch – so wie Sie es jetzt in Ihren Händen halten – entspringt einer Vision, die ich Ostern 1996 während eines Urlaubs auf La Palma hatte. Ich war damals an einem Punkt angelangt, der mir zeigte, dass ich mein Leben verändern muss. Von außen betrachtet gab es keinen Änderungsbedarf. Ich hatte eine gut gehende, große Heilpraktikerpraxis im Münchner Raum und ich liebte meinen Beruf. Heilungserfolge, Zeitungsberichte und Podiumsdiskussionen brachten mir zunehmend mehr Anerkennung und Status. Man kannte mich, und ich konnte mich schließlich kaum mehr ungestört in der Öffentlichkeit bewegen. Es mangelte auch nicht an nahen Kontakten zu Menschen. Ich hatte gute Freunde und eine Tochter, die ich über alles liebte. Ich war froh über meine Scheidung und lebte inzwischen in einer neuen Beziehung mit einem gut aussehenden, attraktiven Künstler. Auch materiell gesehen hatte ich mit meinen 37 Jahren alles erreicht, was ich erreichen wollte. Ich wohnte mit meiner Familie in einem frei stehenden Haus am Stadtrand mit einem wunderschönen, alten Garten und fuhr morgens mit meinem lila Sportwagen in meine Praxis. Es war wie in einem amerikanischen Film. Ich hatte alles, und ich hatte es mir alleine erarbeitet. Hart erarbeitet. Zwischen zehn bis fünfzehn Stunden am Tag stand ich in meiner Praxis und behandelte meine Patienten. Ich beschäftigte bis zu elf Mitarbeiter, darunter eine Therapeutin, einen Masseur und eine Kinderpsychologin. Für meine Tochter und meinen Lebenspartner blieb da insgesamt nur wenig Zeit, zumal ich an Wochenenden oft noch Workshops und Seminare leitete. Der Preis für dieses Leben war hoch. Nie hatte ich bis dahin wirklich Zeit für mich selbst. Immer hatte ich nur funktioniert, exzessiv gearbeitet, alle Anforderungen, die ich und andere an mich stellten, perfekt erfüllt. Weihnachten 1995 war ich schließlich körperlich am Ende. Ich brach zusammen und war einige Wochen sehr krank. Tausend Fragen schossen mir durch den Kopf:
Bin ich noch auf dem richtigen Weg? Warum lade ich mir das alles auf: Arbeit ohne Ende, Verantwortung ohne Ende? Was bleibt von mir übrig, wer bin ich wirklich, wenn ich alles loslasse, was ich mir erarbeitet habe? Welchen Menschen liegt tatsächlich etwas an mir, der privaten Eva Katharina? Welche Seiten von mir möchte ich leben, die bisher keine Chance hatten? Was will ich?
Ich beschloss, so bald als möglich Urlaub zu machen und mich dann intensiv mit diesen Fragen auseinander zu setzen. Ich sehnte mich danach, vierzehn Tage lang nichts tun zu müssen, einfach in der Sonne zu liegen, im Meer zu baden, Wärme zu tanken, nachzudenken und einfach nur zu sein. Lediglich die Aussicht auf Urlaub gab mir die Kraft, die nächsten Wochen bis zu den Osterferien zu überstehen. Zusammen mit meiner Tochter Katharina reiste ich nach La Palma.

Zwei Tage später, am Karsamstag, sonnte ich mich nachmittags auf dem Dach unseres Häuschens, das sich inmitten einer Bananenplantage befand. Ich schlief ein. Als ich wieder aufwachte, hatte ich eine Vision:
Mein Körper war von der Sonne durchwärmt. Von innen durchströmte es mich ganz wohlig und warm. Ich war hellwach und ganz bei mir. Ich sah das tiefblaue Meer und den wolkenlosen Himmel. Ich hörte die

Bananenblätter leise im Wind rascheln. Es war wie im Paradies. Ich nahm ein zartes Summen in der Luft wahr, so, als befände ich mich inmitten eines überdimensionalen Bienenschwarms. Ich hatte das Gefühl zu fliegen. Obwohl ich noch nie in der Caldera war, konnte ich sie jetzt von oben sehen. Die Caldera zählt zu den größten Vulkankratern der Welt, die Attraktion und das Herzstück La Palmas. Tausend Meter hohe Felswände umschließen den neun Kilometer breiten und zehn Kilometer langen Kessel, der sich plötzlich nach innen bis tief in die Erde hinein geöffnet hatte. Wundervolle, sphärenartige Musik erklang, und zwanzig bis dreißig Devas stiegen spiralförmig aus dem Vulkankrater empor. Gefühle unglaublicher Freude, Wärme und Liebe durchströmten mich, als ich sie sah. Es war, als ob mir sehr nahe Freunde nach langer Zeit wieder begegnen würden.

Ich nahm die Devas als große, fast dreißig Meter hohe Lichtwesen wahr. Zunächst erschienen sie mir als eine Art Mischung von überdimensionalen Elfen und Engeln, als wunderschöne, große Frauen mit kindlichen Gesichtszügen und libellenartigen Flügeln. Hoch über der Caldera trafen wir uns. Die Devas tanzten und flogen vor Freude durcheinander, und ich schwebte direkt vor ihnen und konnte mit allen gleichzeitig telepathisch kommunizieren. Von oben sah ich La Palma, das Meer sowie die anderen Inseln.

Während der Kommunikation veränderte sich das Aussehen der Devas, und ich nahm sie weniger als Gestalten, sondern mehr als reine, weiße Lichtenergie wahr. »Schön, dass du da bist«, lachten sie »wir warten schon sehr lange auf dich. Du hast hier eine Aufgabe zu erfüllen. Deine Aufgabe ist es, die geeigneten Pflanzen- und Blütenessenzen dieser Insel zu finden und herzustellen.« Sie zeigten mir ein Buch mit einer weißen Blüte auf dem Cover. Es trug den Titel »Kanarische Blütenessenzen der Liebe«. Die Autorin hieß Eva Katharina Hoffmann! »Wie soll ich das denn machen?«, zweifelte ich. »Ich kann doch nicht einfach weg aus Deutschland und alles liegen und stehen lassen.« – »Das ist jetzt vorbei«, erklärten sie mir. »Alles, was wichtig war, hast du erreicht. Du kannst dich in diesem Rahmen nicht mehr positiv weiterentwickeln. Lass alles los! Deine nächste Aufgabe wartet hier auf der Insel auf dich.«

Daraufhin zeigten mir die Devas in einer Art Diashow viele Pflanzen und Blüten und erklärten mir jeweils deren Wirkung und Herstellung. »Halt! Stopp!«, rief ich. »Das kann ich mir unmöglich alles merken.« – »Betrachte es einfach als eine Datei, die wir dir jetzt übermitteln«, beruhigten sie mich. »Immer wenn du mit der richtigen Pflanze zum richtigen Zeitpunkt in Kontakt kommst, wirst du die Informationen abrufen können.« Mit dem Versprechen, stets für mich da zu sein, verabschiedeten sie sich, und ich war wieder »zurück« auf meiner Dachterrasse. Innerlich hatte ich meine neue Aufgabe sofort aus vollem Herzen angenommen. Aber ich hatte noch keine Ahnung, wie ich sie praktisch umsetzen könnte. Eine radikale Änderung meines Lebens stand bevor.

Wieder zu Hause, erklärten mich alle für verrückt, als ich meine Absichten kundtat. Doch ich ging meinen Weg. Im Laufe der nächsten

Monate gab ich meine Praxis auf und verkaufte Auto und Hausrat. Dabei verlief durchaus nicht alles glatt. Mein Lebenspartner hatte sich nicht entschließen können, mit uns zu gehen, und wir trennten uns. Für mein Haus fand ich lange keine Käufer, aber weil ich nicht länger warten konnte, lieh ich mir Geld von guten Freunden.

Am 8. Oktober 1997, anderthalb Jahre nach meiner Vision, kam ich mit meiner Tochter, meinem Hund und vier Koffern auf La Palma an. Ein neues Leben begann.

Kapitel 2

Aura und Chakren

Bei der Betrachtung der westlichen Medizin stellen wir fest, dass sie sich ausschließlich auf die Behandlung des physischen Körpers konzentriert. Erst im letzten Jahrhundert befassten sich Forscher wie Jung, Freud, Adler und Reich mit den Einflüssen der Seele auf unsere Gesundheit. Obwohl diese Forschungen dazu beigetragen haben, dass heute psychische Störungen anerkannt werden, hat die Medizin dieses Wissen weitgehend ausgegliedert und eigene Kategorien geschaffen. So stehen heute Körper, Geist und Seele als getrennt nebeneinander.

Das westliche Gesundheitssystem basiert auf der Erkenntnis, dass es im physischen Körper eine Reihe von selbstregulierenden Funktionskreisen gibt, die selbständig für die Aufrechterhaltung der Gesundheit und des Lebens sorgen (Homöostase). Bei Krankheit ist das Ziel der westlichen Medizin die Wiederherstellung der Homöostase mit den ihr bekannten Mitteln. Sollte sich mit den bekannten Diagnoseverfahren keine geeignete Diagnose finden lassen, spricht die westliche Medizin dann von psychosomatischen Erkrankungen; diese von der Psyche ausgelöste Erkrankung des Körpers wird dann meist mit unterschiedlichen Psychotherapieverfahren therapiert.

Im Unterschied dazu wird in der Traditionellen Chinesischen Medizin (TCM) Gesundheit und Krankheit als ganzheitlicher Prozess betrachtet. Die TCM geht davon aus, dass ein Fehlen/Leere bzw. ein Übermaß/Fülle an Lebensenergie, Qi genannt, maßgebend für den gesundheitlichen Zustand ist. Es gilt, das Qi harmonisch ins Gleichgewicht zu bringen. Bei einer Diagnose werden der Körper, alle Organfunktionen, die Psyche, die Emotionen und die spirituelle Ausrichtung des Patienten mit einbezogen. Es wird ein ganzheitlicher Heilungsplan erstellt, wobei neben Ernährung, Kräuterheilkunde sowie therapeutischer Unterstützung auch gezielt über Akupunktur die Meridiane (Energiebahnen im Körper) stimuliert werden.

Ayurveda – das uralte indische Wissen vom langen und gesunden Leben – ist ein weiteres Heilsystem, das den Menschen ganzheitlich betrachtet. Auch hier werden körperliche, geistige, psychische und spirituelle Aspekte berücksichtigt und zur Diagnoseerstellung herangezogen. Aus den Überlieferungen dieser Weisheitslehre geht hervor, dass Krankheit und Heilung nicht nur den Körper betreffen, sondern sehr wohl mit Energiefluss, -stagnation, -blockaden und -ausgleich zu tun haben. Alte Energiekarten des menschlichen Körpers, in denen Meridiane, Chakren, Chakrenbahnen und Auraschichten eingezeichnet sind, veranschaulichen dies deutlich.

Das ganzheitliche Wissen östlicher Heilkünste und Energielehren fließt in meine Arbeit mit den Essenzen ein. Im Folgenden stelle ich den Mensch als hochsensibles Energiesystem vor. Die Grafiken sollen zum allgemeinen Verständnis beitragen.

Der menschliche Körper ist von einer Energiehülle, einem Lichtkörper, einer sogenannten Aura umgeben.
Sie bildet einen Energiespeicher und bietet sowohl nach innen als auch nach außen energetischen Schutz; zudem hat sie Kommunikationsfunktion. Die verschiedenen Auraschichten bestehen aus Lichthüllen, die sich nach außen hin immer mehr vergrößern.

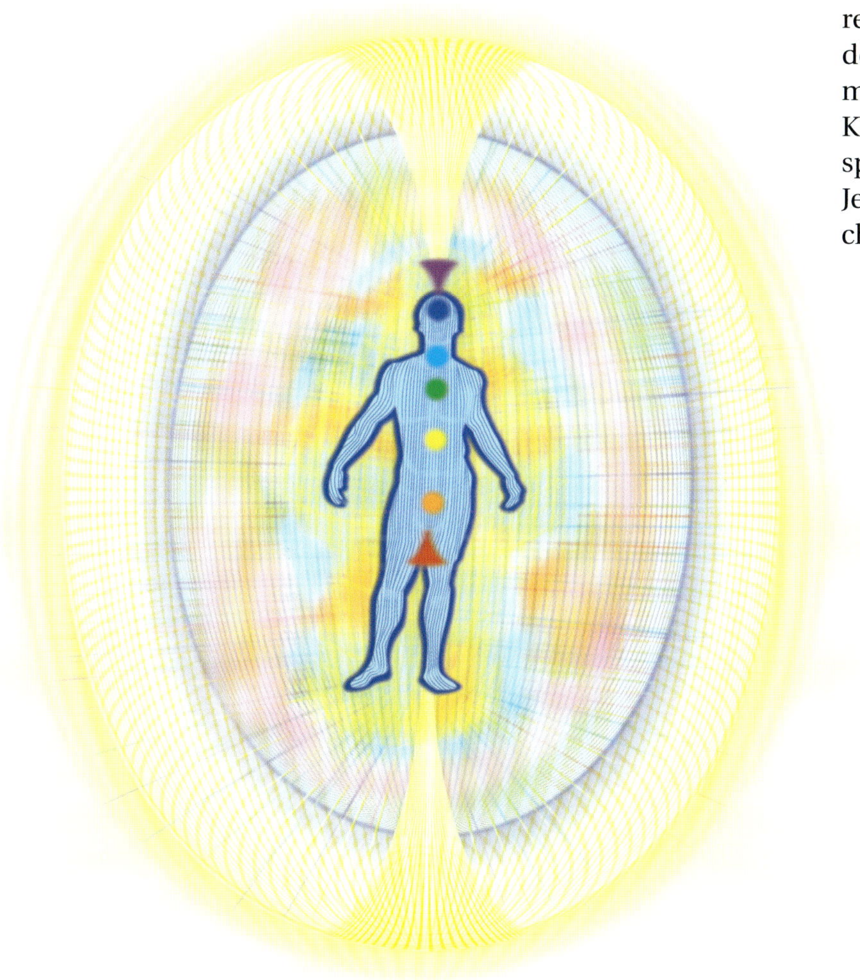

Chakren sind Energiezentren – in einer Linie vom Rumpf bis zum Scheitel angeordnet –, durch die die Aura mit dem physischen Körper verbunden ist. Sie sind durch Lichtkanäle miteinander verbunden (von unten nach oben, von oben nach unten).

Die Chakren fungieren als Informationskanäle, als »Datenautobahnen«, die offen oder geschlossen sein können:
Unangenehme Erlebnisse wie beispielsweise Enttäuschung oder Zurückweisung blockieren den Energiefluß im jeweiligen Chakra; dementsprechend schließt es sich und ist somit in seiner Funktion beeinträchtigt.
Können die Energien ungehindert fließen, so spricht man von einem »offenen« Chakra.
Jedes Chakra weist das für den Menschen charakkteristische psychologische Muster auf.

Die Aura

Erste Auraschicht: Ätherkörper

Lage: 2 bis 3 cm über der Hautoberfläche
Farbe: hellblau, blau, gräulich
Funktion: strukturbildend (Lichtpunkte, die sich über eine Linienstruktur verbinden)
Thema: »Ich bin jetzt präsent«; körperliche Empfindungen

- Korrespondiert mit dem Wurzelchakra

Das Energiestrukturnetz der ersten Auraschicht wirkt wie eine Matrix; sie stellt eine Verbindung zwischen der Materie (Körper) und den feinstofflichen Energien (Aura) her. Alle Informationen und Energien fließen durch die Gitterstruktur zielgerichtet nach innen in den Körper oder nach außen in die Energiehülle. Menschen, die diesen Energiekörper sehen können, nehmen ein zartblaues bis hellblaues Pulsieren mit einer Frequenz von fünfzehn bis zwanzig Mal pro Minute wahr.

Der Ätherkörper ist mit allen Chakren verbunden, korrespondiert jedoch speziell mit dem Wurzelchakra. Alle Informationen, die sich auf körperliche Empfindungen wie Schmerz, Wärme, Druck usw. beziehen, werden vom Ätherkörper an das Wurzelchakra weitergegeben – und von dort aus wird der Körper benachrichtigt. Der Informationsfluss in umgekehrter Richtung erfolgt auf gleiche Weise: Über die Information »Kälte« (durch das Frieren des Körpers) trifft das Wurzelchakra die Entscheidung: »Ich will Wärme.« Der Informationsspeicher sucht nach Lösungen im Gehirn (physischer Körper) und in den Auraschichten (feinstofflicher Körper), um dann reagieren zu können.

In der ersten Auraschicht wird auch die Lebendigkeit der Körperzellen sichtbar. Die Energie eines Menschen zeigt sich in dieser Auraschicht als netzartige Struktur, auf der sich Lichtpunkte auf energetischen Linien bewegen.

Operationen, Unfälle, Schocks usw. können Risse und/oder Löcher im Energiekörper verursachen. Verletzungen dieser Art regenerieren sich meist nicht von selbst.

Zweite Auraschicht: Emotionalkörper

Lage:	3 bis 30 cm über der Hautoberfläche; durchdringt den Ätherkörper nach innen sowie die anderen Auraschichten nach außen
Farbe:	helle, transparente Farbflecken (überwiegend in den Spektralfarben)
Funktion:	Speicher aller Emotionen
Thema:	Gefühle zu sich selbst

• Korrespondiert mit dem Sexualchakra

Der Emotionalkörper speichert und kontrolliert jede emotionale Wahrnehmung im energetischen Bereich und aktiviert dadurch körperliche Reaktionen. Kombinieren sich Reize von außen mit Reaktionen, kommt es zum »Emotionalkörper-Spiel«. Ein ganz bestimmter Reiz (Schlüsselreiz) löst zur Konfliktlösung ein »Spiel« aus, das wir bereits gelernt haben: Wir werden gespielt! Diese Spiele müssen erst über den Mentalkörper (siehe auch Beschreibung zur dritten Auraschicht) bewusst gemacht werden, um sie verändern und selbst bewusst steuern zu können. Die Fähigkeit zur Erfahrung von Emotionalität gibt uns die Möglichkeit, Gefühle mit anderen Sinneswahrnehmungen und der Logik zu verknüpfen.

Dunkle Farben und schmutzige Mischtöne in der Aura, die aussehen, als ob jemand im Malkasten alles verwischt hat, deuten auf Störungen, negative Emotionen und Verletzungen im Emotionalkörper hin. Reine, klare Gefühle stellen sich auch als reine, klare Farben dar. Je negativer und destruktiver die Emotionen sind, desto dunkler sind die Farben.

Haben Sie schon einmal darüber nachgedacht, wie viele unterschiedliche Emotionen Sie an einem Tag produzieren? Emotionen können, das wissen wir alle, auch einmal explodieren, je nachdem, wie stark sie sind. Ebenso können sie sich zusammenziehen oder sich ineinander verweben. Der Emotionalkörper ist deshalb ständig in Bewegung, blubbert und wabert vor sich hin.

Dritte Auraschicht: Mentalkörper

Lage:	8 bis 20 cm über der Hautoberfläche; wird vom Emotionalkörper durchdrungen und erstreckt sich über diesen hinaus
Farbe:	hellgelbes Licht
Funktion:	Speicher für Gedankenenergie; strukturiert
Thema:	rationaler Verstand

• Korrespondiert mit dem Solarplexus

Alle Gedankenformen werden im Mentalkörper als Lichtenergie-Information aufgezeichnet und gespeichert. Im energetischen Bereich bildet er die Funktionseinheit für den rationalen Verstand. Nur selten befinden wir uns ausschließlich im rationalen oder emotionalen Bereich, da wir als Menschen die Möglichkeit haben, zwischen Denken, Fühlen und Handeln zu wählen. Wir beziehen individuell in die Vielfalt von Emotionen, Bedürfnissen und Erkenntnissen unser Denken mit ein, woraus sich unzählig viele Kombinations-, Fühl- oder Handlungsmöglichkeiten ergeben.

Im unbewussten Zustand steuert der Emotionalkörper den Mentalkörper, und so wird unser Ego zum »Chef«. Im bewussten Zustand ist es möglich, alle Emotionen zuzulassen, doch unsere Entscheidungen sind immer das Ergebnis eines kreativen Zusammenspiels von Mental- und Astralkörper (oft auch noch mit den darüber liegenden Schichten).

Der Verstand und die Vernunft kontrollieren den physischen Körper (Herzfrequenz, Atmung usw.). Aus diesem Grund ist es möglich, bestimmte Körperfunktionen über den Mentalkörper, zum Beispiel durch Atemübungen oder Yoga, zu steuern.

Menschen, die sehr rational oder von ihrer Logik her bestimmt sind, haben einen dominanten, sehr differenzierten Mentalkörper mit vielen feinen Verästelungen, der viel Raum in der Aura einnimmt. Meist ist bei diesen Menschen der Emotionalkörper weniger stark ausgeprägt und in der Farbe blasser als bei Menschen, die besonders emotional veranlagt sind. In diesem Fall

durchdringt der stark ausgeprägte Emotionalkörper den Mentalkörper völlig, was bedeutet, dass ein solcher Mensch zuerst über den Emotionalkörper Informationen empfängt, auswertet und lebt. Der alleinige Zugriff auf den Mentalkörper ist diesen Menschen nicht mehr möglich: Bevor nachgedacht und logisch entschieden werden kann, hat sich schon ein emotionales Programm »automatisch« gestartet.

Ebenso kann der Mentalkörper so extrem ausgeprägt sein, dass er dem Emotionalkörper jeglichen Raum nimmt und förmlich zwischen dem Äther- und Mentalkörper gefangen ist: Menschen mit dieser Anlage sind so »geschaltet«, dass sie in allen Lebenssituationen immer mit Logik reagieren; so können sie ihre Gefühle selten oder nie erleben. Dieses Gefühlsdefizit verursacht häufig Frustrationen.

Vierte Auraschicht: Astralkörper

Lage:	20 bis 50 cm über der Hautoberfläche; kann beim Emotionalkörper beginnen und sich bis in den Parallelkörper ausdehnen
Farbe:	kräftige Farben, die sich wolkenartig darstellen; Hauptfarbe ist ein kräftiges Rosa
Funktion:	Speicher für Liebesenergie
Thema:	Beziehungen zu anderen

- Korrespondiert mit dem Herzchakra

Beziehungen jeglicher Art werden über den Astralkörper aufgenommen. Beim ersten Aurakontakt mit einem anderen Menschen tasten sich beide gegenseitig mit Hilfe aller Informationen des Astalkörpers ab. Innerhalb von Sekunden wird die Entscheidung getroffen, welche Art von Beziehung in welcher Intensität möglich ist. Was eingegangen werden kann, entscheidet der Mental- oder/und der Emotionalkörper. Was nützlich, logisch ist und rational gebraucht wird, fordert der Mentalkörper. Was emotional, attraktiv, ein Bedürfnis abdeckend oder auch nur bekannt ist, lässt den Emotionalkörper reagieren. Entstehen Beziehungen, werden sozusagen Energiebänder »geknüpft«: Diese Bänder können zwischen allen Chakren beider Personen hergestellt werden und sind über die Auraschichten verbunden. Je intensiver die gemeinsame Zeit, der Kontakt und die Emotionen sind, desto stärker prägen sich die Energiebänder aus, über die ständig ein Energie- und Informationsaustausch stattfindet. Bei einer räumlichen, zeitlichen, emotionalen oder rationalen Trennung werden die Bänder schwächer und können auch zerreißen, was wir als sehr schmerzvoll empfinden. Deshalb versuchen wir eher die Bänder intakt zu halten – auch wenn die Beziehung als emotional unbefriedigend und rational unlogisch eingestuft wird –, als dass wir den Schmerz konfrontieren. Gelöste oder abgetrennte Energiebänder ziehen sich wieder zurück in die Chakren, wenn das dazugehörige Thema sowohl emotional als auch rational durchdrungen und bearbeitet ist. Bei nicht verarbeiteten Trennungsschmerzen bleiben die Bänder erhalten; sie hängen wie Tentakeln aus dem jeweiligen Chakra und aktivieren den Schmerz immer neu, sobald das Thema im Leben wieder auftaucht.

Die Herzchakra-Bänder mit ihrer Liebesenergie verbinden Menschen zu anderen Menschen (aber auch zu Tieren und Pflanzen). Über den Astralkörper wird für uns spürbar, was Liebe ist. Deshalb empfinden wir ein Zerreißen oder Durchtrennen als das Schmerzvollste, was uns passieren kann.
Die vierte Auraschicht nimmt in unserem Energiekörper eine ganz besondere Rolle ein. Sie ist die Vermittlerin zwischen »Ich« und »Du«, das heißt zwischen den unteren und den oberen Chakren. Die ersten drei Auraschichten werden der Erde zugeordnet und helfen, das irdische Leben zu bewältigen. Der Astralkörper als Speicherkapazität für unsere Liebesfähigkeit ermöglicht – ähnlich einer Transformation – die Verbindung zu den höheren Auraschichten. Die Steuerzentrale für alle Ebenen der Liebe in allen Chakren und Aurabereichen ist immer das Herzchakra. Da wir alle Verletzungen in den Bereichen Liebe, Emotionen und Beziehungen in uns tragen, müssen wir zuerst diese heilen, bevor Heilung auf den anderen feinstofflichen Ebenen möglich ist.

Fünfte Auraschicht: Parallelkörper

Lage:	50 bis 90 cm über der Hautoberfläche; verbindet nach innen den Astralkörper und nach außen den Lichtkörper; klar strukturiert, definiert und abgegrenzt
Farbe:	blau
Funktion:	Speicherkapazität für alle Informationen der Chakren, Auraschichten, des Körpers und der Organe (Zwischenspeicher)
Thema:	Standortbestimmung und Neuorientierung

- Korrespondiert mit dem Halschakra

Der Parallelkörper ist eine Kopie des Inkarnationsplans, in dem alle Ziele und Absichten aufgezeichnet sind, die wir, bevor wir uns inkarniert haben, definiert haben. Ebenso ist alles, was wir schon gelebt, gefühlt, erkannt haben, registriert. Die beiden Kopien werden in dieser Auraschicht gegenübergestellt. Daraus ergeben sich für uns Fragen wie: Wer bin ich? Wo bin ich? Wo will ich hin? Der Parallelkörper ermöglicht uns eine allzeit verfügbare energetische Standortbestimmung im Vergleich zu allen zur Verfügung stehenden Reisewegen, die wir mitgebracht haben; er bietet uns immer wieder eine Chance zur Neuorientierung.

Was uns jedoch daran hindert, sind die missglückten, unachtsamen Trennungen von »Liebesbändern« und die Angst vor allem Neuen. Was uns fördert, ist der Impuls unserer Seele, das Inkarnationsziel zu erreichen. Wenn wir das Alte nicht loslassen können, obwohl wir innerlich spüren, dass es nicht gut für uns ist, können wir uns auf unserem Weg der Bewusstwerdung nicht weiterentwickeln und drehen uns immer im Kreis. Im positivsten Sinn können wir den Parallelkörper dazu nutzen, uns in jedem Augenblick unseren Lebens zu vergewissern, ob wir noch auf unserem Weg sind oder ob wir die Richtung ändern müssen. Er gibt uns die Freiheit, verschiedene Wege auszuprobieren, um uns dann für den unseren bestmöglichen zu entscheiden. Erfahrung ist, einen Weg zu gehen, der sich im Nachhinein nicht als optimal erweist. Dummheit ist, immer wieder den gleichen Weg zu gehen, der sich als schlecht erwiesen hat. Stagnation ist aufhören zu gehen, weil wir es zulassen, dass andere unseren Weg bestimmen.

Sechste Auraschicht: Lichtkörper

Lage: 90 bis 120 cm über der Hautoberfläche; beginnt im Parallelkörper und erstreckt sich bis in den Kausalkörper

Farbe: zarte Spektralfarben

Funktion: Speicherkapazität bereits gemachter Erfahrungen und Kontaktaufnahme zu Wesenheiten auf der feinstofflichen Ebene

Thema: Orientierung auf allen geistigen Ebenen

• Korrespondiert mit dem Dritten Auge

Der Lichtkörper hat die Aufgabe, das rein geistige Wissen zu speichern, und bietet uns die Möglichkeit, unterschiedlichste Erkenntnisse im geistigen Bereich zu übernehmen, ohne alles selbst erwirken zu müssen. Dies ermöglicht uns, Logik und Ratio gezielt einzusetzen, um so über Transfer zu neuem Bewusstsein zu gelangen. Unterschiedliche Gebiete wie Philosophie, Religion, spirituelle Sinnfragen bieten die Basis zur eigenen geistigen Standortbestimmung. Die daraus resultierenden Fragen: Gibt es ein Leben nach dem Tod? Welchen Sinn hat das Leben hier auf der Erde? usw. führen uns tiefer in metaphysische und ethische Wissensgebiete. Öffnet sich schließlich der reine Geist und wird er mit Liebe und Bewusstsein verknüpft, öffnen sich feinstoffliche Kanäle, die mittels Gebet, Kontemplation, Meditation die Möglichkeit zu spirituellen Erfahrungen schaffen. Dann begreifen wir den Unterschied zwischen Alleinsein und All-Eins-Sein und verstehen die Verbindungen von Mikro- und Makrokosmos. Zunehmend gelangen wir zu neuen, allumfassenderen Sichtweisen, verstehen unsere Handlungsweise auf einer bewussteren Ebene und können auch Menschen besser nachvollziehen. Dies kann im positivsten Sinne zu Respekt, Achtsamkeit und Mitgefühl allem gegenüber führen.
Über diesen Energiekörper kann Liebe in ihrem eigentlichen Wesen erst erfasst und verstanden werden. Um das Wissen, dass wir mit dem ganzen Universum verbunden sind, tatsächlich integrieren zu können, ist es wichtig, diese Verbundenheit bewusst und beständig in den Alltag einfließen zu lassen und zu leben. Daraus eröffnet sich uns wiederum eine neue Ebene nach oben: die Verbindung zur göttlichen Liebe – die wir jedoch nur in Verbindung mit der nächsten Auraschicht erreichen können.

Siebte Auraschicht: Kausalkörper

Lage:	äußerste Schicht, welche die gesamte Aura wie einen Schutzkokon umhüllt
Farbe:	weiß, gold, silber
Funktion:	Schutz nach innen und nach außen
Thema:	Ausdruck des wahren Selbst

• Korrespondiert mit dem Kronenchakra

Der Kausalkörper bildet eine eiförmige Hülle, welche alle anderen Energiekörper einschließt und gleichzeitig auch alle Chakren miteiander verbindet. Er hat die stärkste Schutz- und Membranfunktion. Auf energetischer Ebene ermöglicht diese Auraschicht die Abgrenzung des »Ichs« von anderen Menschen. Sie hat, verglichen mit den anderen Schichten, die höchste Energiekonzentration; sie bildet eine Matrix, welche die Gesamtheit all unserer Daten (Emotionen, Ratio, Liebe, Körper usw.) gespeichert enthält. Diese Informationen sind nicht starr auf vorgegebenen Speicherplätzen angeordnet, sondern befinden sich in einem ständigen Fluss innerhalb dieser Auraschicht. Sie hält uns also energetisch zusammen und bietet uns die Möglichkeit, zu jedem Zeitpunkt auf alle Daten zuzugreifen.

Aufgrund der Fähigkeit des Kausalkörpers, sich abzugrenzen, ist es Menschen möglich, die göttliche Liebe zu erahnen. Diese Ahnung wiederum erzeugt eine Sehnsucht, sich mit dieser höchsten Liebe auf Dauer zu verbinden. Ohne den Schutz dieser Auraschicht bestünde die Gefahr, sein eigenes Ich nicht mehr erkennen zu können (Gefahr der Ich-Auflösung); gleichzeitig jedoch bietet sie die Möglichkeit, immer und überall mit der höchsten heilenden Kraft verbunden zu sein. Unsere Vollkommenheit können wir nur durch die bewusste Verbindung von beidem – Ich-Bewusstsein und Verschmelzung mit der göttlichen Energie – erlangen.

Chakren

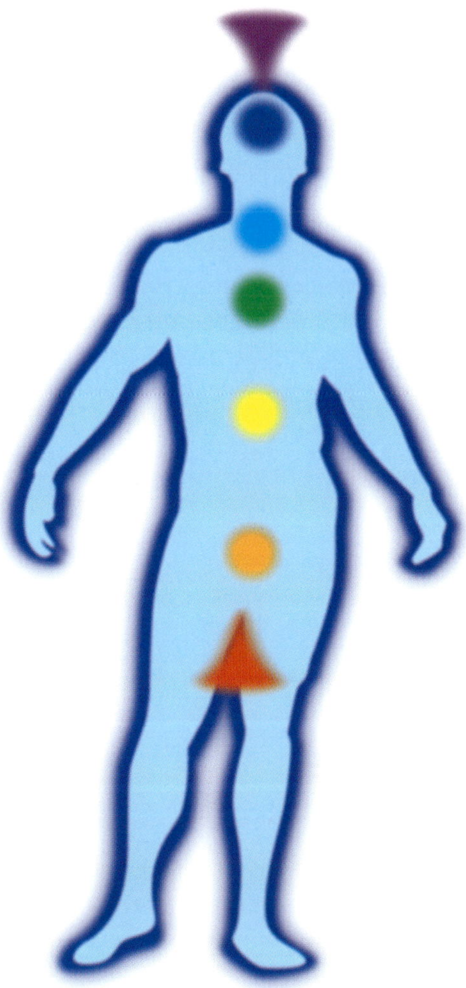

Wurzelchakra

Lage: zwischen dem Steißbein und den Genitalien, nach unten verlaufend
Farbe: rot
Funktion: Verbindung zur Erde, Lebenskraft
Thema: Akzeptanz des physischen Lebens

Die Themen dieses Energiezentrums sind: völlige Akzeptanz des physischen Lebens, Spüren materieller Sicherheit im Leben, Geborgenheit, Urvertrauen sowie die Kraft, seine Ziele zu erreichen. Ebenso hat es mit Vitalität, Erdung, Zufriedenheit, Stabilität, Mut, Stille und Ruhe, Lebenskraft, Kundalinienergie, Tod und Überleben zu tun. Das Wurzelchakra ist dem Element Erde und dem Geruchsinn zugeordnet.

Auf der körperlichen Ebene kontrolliert es alle festen Teile wie Wirbelsäule, Knochen und Zähne sowie die Organbereiche Anus, Rektum, Damm, Prostata, Nebennieren, Blut- und Zellbildung.

Wenn das Chakra gestört ist, äußert sich dies in Angst und Unsicherheit.

Sexualchakra

Lage: unterhalb des Nabels
Farbe: orange
Funktion: Speicher von Sexualkraft und Aggressionspotenzial
Thema: Emotionen

Das Sexualchakra, auch Sakralchakra

genannt, ist dem Element Wasser und dem Geschmackssinn zugeordnet. Seine Themen sind: Sexualität, instinktive Gefühle, Freude, Wünschen, Verlangen, Sinnlichkeit, Tiefe, Fülle, Vergnügen und Lebendigkeit, Wahrnehmung der Bedürfnisse des Körpers (Essen, Trinken, Schlafen, Sex usw.), Verbundenheit mit der Natur, Offenheit anderen gegenüber und persönliche Kreativität.

Im Köper regelt es die Keimdrüsen und kontrolliert den Beckenraum, die Sexualorgane, die Potenz, alle Flüssigkeitsfunktionen, die Nieren und die Blase.

Ist das Chakra gestört, äußert sich dies in Problemen im sexuellen Bereich, in extremen emotionalen Schwankungen und Essstörungen.

Solarplexus

Lage:	über dem Nabel und unterhalb der Brust
Farbe:	gelb
Funktion:	strukturiertes Denken
Thema:	Macht, Kontrolle und Freiheit

Dem Solarplexus ist das Element Feuer und das Sehen zugeordnet. Weitere Themen sind: eigene Werte, soziale Identität, Frieden, innere Harmonie, Urteil und Beurteilung, Stärke, Aktion, Individualität, Ego und Unbestechlichkeit.

Zu diesem Energiezentrum gehört die Bauchspeicheldrüse; es kontrolliert die Leber, das gesamte Verdauungssystem, den Magen, die Milz und die Galle, das autonome Nervensystem, den unteren Rücken und den Muskelapparat.

Im blockierten Zustand fehlen eigene Werte; die Definition der Umwelt erfolgt über Urteil/Beurteilung/Vorurteile; charakteristisch ist ein Rückzug in sich selbst (zum Beispiel Psychose, Neurose, Depression).

Herzchakra

Lage:	Brustmitte
Farbe:	grün/rosa
Funktion:	Speicher für Liebesenergie
Thema:	Herzensliebe

Das Herzchakra ist dem Element Luft zugeordnet und korrespondiert mit dem Tastsinn. Im Grundzustand erscheint es in der Farbe grün. Wenn jedoch das geöffnete Herzchakra Liebesenergie (in der Farbe Rosa) ausströmt, kann jedes andere Chakra farblich überstrahlt werden. Das zentrale Thema ist die Herzensliebe. Das Herzchakra bringt in zwischenmenschlichen Beziehungen seine Kraft zum Ausdruck; Wahrnehmung von Liebe, liebevolle Verbindung zu Menschen, Geben und Lieben, Vergebung, Mitgefühl, Wärme, Teilen, Hingabe und Selbstlosigkeit sind weitere Themen dieses Energiezentrums.

Auf der körperlichen Ebene wird es der Thymusdrüse zugeordnet; es kontrolliert Herz, Blutkreislauf, untere Lunge, Brustkorb, oberen Rücken und Hände.

Das Herzchakra ist das Chakra, über das Heilung erfolgt. Heilungsenergie kann in Form von Gebet, Meditation, reiner Liebe von einem Menschen zu einem anderen fließen. Ist es auf Dauer blockiert, ist jeglicher Liebesfluss unterbrochen. So wie unser physischer Körper Luft zum Atmen/Leben braucht, die jede Zelle mit Sauerstoff versorgt, so braucht der feinstoffliche Körper Liebesenergie, die über das Herzchakra ein- und ausströmt, um dann zu allen anderen Chakren bis zu den Zellen hin fließen zu können.

Sollte ein Mensch, welche Ursache auch immer zugrunde liegt, sich selbst nicht lieben können, weil er ein blockiertes Herzchakra hat, kann er trotzdem überleben, wenn er Liebesenergie über andere Wege bekommt: Lob, geliebte Haustiere, Mutterliebe, Freunde, Natur, Massage, Sexualität, Essen und Trinken, Blumen usw. Auf diesen »Umwegen« kann Liebesenergie in jedes andere Chakra fließen und uns versorgen. Das Herzchakra als zentrale Verteilerstelle hat von allen Chakren das größte Potenzial, Energie aufzunehmen und weiterzuleiten. Dies gilt für Freude und Liebe genauso wie für Trauer und Schmerz. Das Herzchakra wertet nicht! Spirituell können wir uns erst weiterentwickeln, wenn alle Chakren und deren Funtionen über reine Herzensliebe gelebt werden können.

Halschakra

Lage:	Halsansatz, zur Thymusdrüse verlaufend
Farbe:	hellblau
Funktion:	Kommunikation
Thema:	Selbstausdruck und Durchhaltevermögen

Dem Halschakra ist das Element Äther zugeordnet; es drückt sich durch die Sinne Hören und Sprechen aus. Die Themen dieses Energiezentrums sind alle Formen der Kommunikation, psychische Stärke und Durchsetzungsvermögen. Seine Kraft manifestiert sich im freien, kreativen Selbstausdruck (zum Beispiel Tanz, Musik, Schreiben usw.), Ausdruck physischer Bedürfnisse, Inspiration, Vertrauen, Integrität, Kommunikationsfähigkeit, Leichtigkeit, Wahrheit, Selbstwert, Selbstvertrauen, Selbstachtung und Rollenidentität.

Auf körperlicher Ebene wird dem Halschakra die Schilddrüse zugeordnet; ferner kontrolliert dieses Energiezentrum Kiefer, Nacken, Hals, Ohren, Mund, Zunge, Stimme, Luftröhre, Kehle, obere Lunge, Bronchien und Arme.

Ist das Halschakra blockiert, kann es in allen Bereichen der Kommunikation Störungen geben. Häufig äußern sie sich darin, dass der Mensch nicht mehr weiß, wer er wirklich ist, seine Gedanken und Gefühle nicht mehr ausdrücken kann und deshalb in Rollenspiele verfällt. Bei dominanten Menschen entwickelt sich ein Drang zu imposanten Auftritten, eher zurückhaltende Menschen reagieren auf Druck und Forderungen ihrer Umwelt mit einer Zurückstellung ihrer eigentlichen Bedürfnisse. Beide sind nicht mehr authentisch: Sie spielen Rollen.
Ein gut entwickeltes Halschakra ermöglicht eine ehrliche Selbstanalyse mit Standpunktbestimmung und hilft in schwierigen Situationen durchzuhalten.

Drittes Auge oder Stirnchakra

Lage:	Stirnmitte
Farbe:	blau
Funktion:	Wahrnehmung
Thema:	mentale Kraft

Logik, Ratio, Intuition und Kreativität sind die Qualitäten, welche im Stirnchakra verwurzelt sind. Hirnanhangdrüse, Augen, Nervensystem, Steuerung des Hormonsystems und Wachstum in jeder Form werden über dieses Energiezentrum gesteuert. Weiter fördert und entwickelt das Dritte Auge in geöffnetem Zustand Einsicht, Klarheit, Vorstellungsvermögen, außersinnliche Wahrnehmungen, Idealismus, Konzentration und eine emotionsneutrale Vorstellung von Liebe. Im blockierten Zustand kann es zu Zwangsvorstellungen, Dogmatismus und Größenwahn kommen. Nur selten kommt das Dritte Auge alleine zum Einsatz.

Die Erkenntnisse des Dritten Auges werden von allen anderen Chakren mit beeinflusst und ausgewertet, bevor wir eine Entscheidung treffen. In manchen Fällen überlagern emotionale Bedürfnisse, Ängste oder/und energetische Beziehungsbänder die eigentliche Funktion des Stirnchakras, und so handeln wir nicht nach Logik und Ratio, sondern machen Kompromisse oder im schlimmsten Falle gar nichts. Menschsein impliziert, Gefühle zu haben, sich nach Liebe und Zärtlichkeit zu sehnen, nach Sicherheit zu streben, alle geliebten Menschen stets um sich haben zu wollen usw. Wenn wir alle Bereiche des Menschseins tief erkannt, gelebt, geläutert und harmonisch integriert haben, kann Erleuchtung geschehen. Mit diesem Gesamtbewusstsein können wir uns erst positiv weiterentwickeln.

Kronenchakra

Lage:	vom Schädeldach nach oben verlaufend
Farbe:	violett/weiß/gold
Funktion:	Verbindung zur höchsten Liebe
Thema:	Verbindung zum universellen Bewusstsein

Das Kronenchakra steuert die Zirbeldrüse, das Zentralnervensystem und viele Bereiche des Gehirns. Es ist die bewusste oder unbewusste Verbindung unserer Seele zur höchsten Liebe. Die Sehnsucht unserer Seele nach allumfassender Weisheit, göttlicher Liebe, Seligkeit und Erleuchtung ist ein Streben, die göttliche Energiequelle wieder bewusst zu nutzen. Verweilen wir im unbewussten Zustand, begeben wir uns auf die Suche nach dem Guru, dem Lehrer, den Lehren. Wir sind bereit zu opfern, zu dienen, zu büßen, uns minderwertig zu fühlen, und glauben, diese Verbindung unserer Seele zur höchsten Quelle auf irgendeine Weise »verdienen« zu müssen. Wir kommen aus diesem Leidenszustand heraus, wenn wir erkennen können, dass in jeder Pflanze, in jedem Tier, in jedem anderen Menschen und in uns selbst ein göttlicher Funke enthalten ist.

Wenn wir erkennen, dass »Gott die Anzahl aller Seelen ist, die schon reine Liebe sind« (Aussage eines sechsjährigen Mädchens), kann es uns gelingen, unseren eigenen Weg mit mehr Bewusstsein, Achtsamkeit, Liebe und Lachen zu gehen.

Kapitel 3

Heilende Kräfte der Pflanzen

Kennen Sie das Gefühl von endloser Weite, völliger Harmonie und Ruhe, unbeschreiblichen Glücks, wenn Sie in der Natur spazieren gehen? Fühlen Sie sich zu bestimmten Blumen besonders hingezogen? Geben Sie beim Kochen ganz bestimmten Kräutern den Vorzug? Wenn ja, haben Sie schon – möglicherweise auch unbewusst – die heilenden Kräfte der Pflanzen kennen gelernt. Sehr oft handelt es sich um die Pflanzen, deren Energie Sie benötigen.

Wollen wir jemand eine Freude bereiten, schenken wir Blumen. Bei gesellschaftlichen Ereignissen, beispielsweise bei Festen oder Trauerfeiern, haben Blumen eine symbolische Sprache, die sich je nach Kultur unterscheidet. Sie sagen: »Herzlichen Glückwunsch«, »Ich liebe dich«, »Danke« oder auch »Auf Wiedersehen.« Die Rose zum Beispiel symbolisiert im nordeuropäischen Raum einen Liebesgruß; dieser »Gruß« kann in Spanien ebenso von einer Nelke übernommen werden, was für viele von uns undenkbar wäre, da Nelken in unserem Kulturkreis symbolisch für Begräbnis stehen. Ein Strauß wunderschöner, duftender weißer Lilien in meinem Zuhause sorgte für Aufregung und Verwirrung bei meinen spanischen Freunden, denn in Spanien werden wiederum Lilien mit Friedhof und Kirche in Verbindung gebracht, während sie in Nordeuropa Ausdruck eines modernen, coolen Lebensstils sind.

Das Bewusstsein der Symbolik und Heilkraft von Blumen war schon in alten Kulturen weltweit vorhanden. Seit mindestens 40 000 Jahren benutzten die australischen Ureinwohner Blüten im Rahmen ihrer natürlichen Heilkunde. Für sie war jede Pflanze etwas Besonderes, ein Wesen mit eigener Persönlichkeit. Diese Menschen wussten, dass die Blüten einer Pflanze am meisten Lebenskraft enthalten, und brauchten sich nur in die Nähe einer zarten Blüte zu begeben, um herauszufinden, welche Heilkräfte sie besaß. Die Lemurer verwendeten Blütenessenzen, um spirituell zu wachsen und Erleuchtung zu erlangen.

Mit Sicherheit wurden die Heilkräfte der Blüten auch von den alten Ägyptern genutzt: Sie vervollkommneten die Aromatherapie und wussten aber auch, dass Blütenessenzen therapeutische Wirkung haben, denn sie sammelten den Tau von den Blüten und setzten ihn der Sonne aus, um so seine Wirkung zu vergrößern.

Blumen spielten neben der dekorativen Verwendung (Plätze, Gebäude) auch bei spirituellen Ritualen eine Rolle, wie zum Beispiel in der minoischen Kultur Kretas, wo während Zeremonien Blüten und Zweige in Wasserschalen gelegt wurden. Die Teilnehmer tranken das Wasser oder aßen die Blütenblätter, um sich von störenden Gedanken oder Gefühlen zu reinigen.

Aus ihrem mystischen Weltbild heraus betrachteten die Menschen damals Pflanzen als Lebewesen mit einem innewohnenden göttlichen Funken. Pflanzen wurden deshalb in der Volksmedizin zum Zwecke der Heilung eingesetzt.

In der Vorzeit glaubte man, dass an das Leben der Pflanzen gute und böse Geister gebunden sind, die auch auf den Menschen übergehen, sich seines Körpers und seiner Seele bemächtigen, wenn er sie auf dem Nahrungswege zu sich nimmt. Dieser Glaube weist vermutlich auf eine der ältesten Stufen menschlicher Naturerkenntnis hin. In jener Zeit stand noch der Priester mit dem göttlichen Mysterium der Natur in Verbindung. Er war zugleich Seelen- und Körperarzt des Menschen und verstand die Naturkräfte praktisch für alle Entwicklungsstufen im Leben anzuwenden.

Der Glaube an das Mysterium der Natur war damals Voraussetzung jeglicher Heilung. Unter Krankheit verstand man eine Gleichgewichtsstörung; leitet sich doch das Wort Krankheit aus dem Begriff »Krängung« her, worunter man den Winkel versteht, um den ein Schiff aus seiner senkrechten Lage gebracht wird, wenn es sich zur Seite legt. Und der Tag des Heils (Heilung) ist jene Zeit, in der kranke Körper sich wieder aufrichtet, wo es hell wird nach oft so langer Dunkelheit und die Sonne dem Gesunden wieder scheint, ihn vom Leid erlöst. So natürlich erfasste man einst den Prozess Krankheit/ Gesundheit; es wird nun verständlich, weswegen man einst davon ausging, dass jede Heilung im Geist beginnt; die materiellen Heilmittel wurden erst in zweiter Linie angewandt. Man lebte mit dem Wissen, dass jede Krankheit im menschlichen Leben ein Wandlungsprozess ist, dem man nicht gerecht wird, indem etwa mit irgendwelchen Mitteln ein früherer Zustand wiederhergestellt wird. Krankheit wurde positiv als ein Wachstumsprozess aufgefasst, und es kam darauf an zu erkennen, was der Körper mit dieser Krankheit ausdrücken wollte.

Stetig geht der große Tausch der Stoffe – entsprechend dem Heraklitschen »Alles fließt!« – auf den Wegen von Licht, Luft, Wasser und Nahrung zwischen Raum (Erde und Körper) Seelenleben vor sich. Auf das engste sind bis in alle Funktionen Makrokosmos und Mikrokosmos miteinander verbunden.

Im Verlauf der Jahrhunderte ging das mystische Weltbild verloren und wurde durch einen systemisch-wissenschaftlichen Ansatz ersetzt. Das göttliche Mysterium wurde nach und nach von der Forschung verdrängt, bis die Pflanze nur noch in Form von chemischen Einzelwirkstoffen vorhanden war. Der Mikrobiologie haben wir eindeutig großes Wissen über die Zellstruktur und deren biochemische Funktionen zu verdanken, wobei gleichzeitig der Kontakt und die Achtsamkeit mit der Pflanzenseele verloren gegangen ist.

Aufzeichnungen von Paracelsus (1494–1541) berichten über die Verabreichung von auf

Blüten gesammelten Tautropfen zur Heilung von emotionalen Problemen. Der klassischen Homöopathie, begründet von Samuel Hahnemann (1755–1843), folgten weitere Entwicklungen im Bereich der Schwingungsmedizin (auf feinstofflicher Ebene). Einer der bedeutendsten Nachfolger war Edward Bach (1886–1936), der sich ebenfalls zur Medizin hingezogen fühlte und anfangs schwerpunktmäßig in den Gebieten Immunologie, Bakteriologie und Pathologie forschte. Durch eigene schwere Erkrankung erlangte er einen Bewusstseinswandel, der ihn von seinem alten Ansatz – »Es gibt keine Krankheit, sondern nur kranke Menschen!« – wegführte und ihn dazu motivierte, nach einer einfacheren und natürlicheren Heilmethode zu suchen, »bei der nichts zerstört oder verändert zu werden brauchte«.

Bach war jedoch mit seinen Heilerfolgen unzufrieden, da er sah, dass er die Beschwerden seiner Patienten nicht heilen, sondern nur lindern konnte, und setzte seine Forschungen fort. Wie auch schon Hahnemann und andere Naturheilkundige vor ihm wusste Bach, dass inneres Ungleichgewicht Krankheit erzeugt und demnach die Wiederherstellung der seelischen und körperlichen Harmonie eines Menschen eine Heilung zur Folge haben muss. Er erkannte, dass unsere Lebenskraft durch Angst, Panik und viele andere negative Emotionen geschwächt wird und folglich Krankheit entsteht.

Während seiner Studien hielt sich Bach immer häufiger in der Natur auf, die er über alles liebte. In Verbindung mit den Pflanzenseelen und den Wesenheiten in der Natur fand er nach und nach heraus, dass sich negative Gefühle und Gedanken durch die energetische Einwirkung von Bäumen, Kräutern und Blüten heilen lassen. Die Basis für seine Schwingungsmittel war geschaffen. Nach dieser Entdeckung gab er seine Laufbahn in der traditionellen Medizin auf, um sich ausschließlich der Erforschung von Pflanzen und deren Heilwirkungen auf den Menschen zu widmen.

Was sind Blütenessenzen? Wie wirken sie?
Essenzen sind Blumen in unserer Aura, die niemals welken.

Nach chemischen und physikalischen Gesichtspunkten sind Blütenessenzen eine alkoholische Verdünnung eines Wassers, in welchem eine energetische Information gespeichert ist. Sie wirken also nicht durch ihre chemischen, sondern kraft ihrer energetischen Bestandteile. Wenn wir uns nun vergegenwärtigen, dass uns Menschen eine energetische Hülle umgibt (siehe Kapitel 2, »Aura und Chakren«), ist leicht nachzuvollziehen, dass Blütenessenzen als energetische Schwingungsmittel Einfluss auf unseren Energiekörper haben. Jede Pflanze hat ihr eigenes Schwingungsmuster, ihre eigene Heilkraft, welche in unseren Auraschichten und Chakren spezifische Auswirkungen haben kann.

Befindet sich zum Beispiel im Emotionalkörper eine Blockade mit einer bestimmten Schwingungsfrequenz, beispielsweise »Frustration«, so können wir diese erkennen und auflösen, indem wir die Blütenessenz mit der ausgleichenden Schwingung dieser Stelle zuführen. Wir haben nun die Möglichkeit, uns mit den Ursachen der Frustration auseinander zu setzen, Lösungen zu finden und Alternativstrategien vorzubereiten. Wenn wir in unserer Frustration nicht mehr verankert sind, können wir mit einer anderen, umfassenderen Sichtweise unseren neuen Weg einschlagen. Verdeutlicht man sich, wie komplex sich unsere Gefühls- und Gedankenwelt gestaltet, wird klar, dass der körperliche oder seelische Ausdruck innerer Blockaden bei jedem Menschen eine individuelle Ursache haben muss. Aus diesem Grund brauchen Menschen mit dem gleichen körperlichen Krankheitssymptom unterschiedliche heilende Schwingungen.

Blütenessenzen wirken als Katalysatoren in unserer Aura, damit wir unsere individuelle Lebensaufgabe klarer erkennen können. Wir kommen mit unserer Seele in Kontakt und nehmen unser Selbst wahr. Sie unterscheiden sich von anderen Heilmitteln insofern, als dass sie gleichzeitig auf Seele, Körper und Geist wirken und dadurch ganzheitlich heilen. Wenn Sie also damit beginnen, Blütenessenzen einzusetzen, begeben Sie sich auf eine Reise der Selbstentdeckung, auf der Sie sich Ihrer Gefühle, Blockaden und Stärken bewusst werden können. Jede Veränderung bedeutet für uns in gewisser Weise Stress, den wir umso schmerzhafter erleben, je mehr wir uns dagegen stellen. Essenzen unterstützen uns dabei kraftvoll, um Veränderungen besser zu bewältigen und innerlich flexibler zu werden.

Kapitel 4

Die Kanarischen Blütenessenzen der Liebe
Wie finde ich die richtige Essenz?

Die Kanarischen Blütenessenzen der Liebe

Bachs Blütenessenzen spiegeln die Themen wieder, mit denen die Menschen damals, während der Weltwirtschaftskrise konfrontiert waren: Depression, Wut, Angst, Frustration. Er fand genau die feinstofflichen Energien in der Pflanzenwelt, welche den Menschen, die in diesen Emotionen gefangen waren, bei der Umwandlung in die positive Energieform helfen sollten.

Die 1979 in der Gegend der Sierra Nevada hergestellten Kalifornischen Blütenessenzen spiegeln den Zeitgeist der Flower-Power-Bewegung der siebziger Jahre wider. Die Schwingungsmittel kreisen um die Themen Spiritualität, Blockadenabbau in der Partnerschaft und Sexualität. Heute gibt es Blütenessenzen aus allen Teilen der Welt.

Warum also noch ein Set neuer Essenzen?

Weil wir uns heute mit völlig anderen und neuen Themen auseinander setzen müssen! Unsere heutige Lebensweise entfernt sich immer mehr von der Natur, und wir verlieren nach und nach das Empfinden der Ganzheit. Die Themen heute sind Stress – Strom – Strahlung.

Stress
Was ist nun eigentlich Stress? Das Wort ist fast täglich in aller Munde, doch haben wir schon einmal darüber nachgedacht, was Stress eigentlich ist, woher er kommt und was er mit uns macht? Im Fremdwörterlexikon (!) wird Stress folgendermaßen definiert: »... die Belastung, die der Körper durch zu lang andauernde oder ihm unangemessene Reize und schädigende Einflüsse erfährt.« Im Englischen bedeutet *distress* »Not, Bedrängnis, Erschöpfung«. Die Übersetzung des lateinischen *strictus* lautet »zusammengeschnürt«.

Stress hat mit der Überlastung, Manipulation und Überreizung all unserer Sinne zu tun: Hören (Lärmbelastung), Sehen (schnell wechselnde Bilderfluten), Riechen (Luftverschmutzung), Schmecken (synthetische Nahrungsmittel, Genmanipulation, Wasserverschmutzung) und Fühlen (das Fehlen von Nähe, Zärtlichkeit, Kuscheln auf der körperlichen Ebene und die Sehnsucht nach Freude, Liebe, Sicherheit und Geborgenheit auf der emotionalen Ebene). Das hat zur Folge, dass wir unseren Sinnen nicht mehr vertrauen können.

In unserer modernen Leistungsgesellschaft sind wir nicht mehr an einem ganzen Arbeitsprozess beteiligt, wie das früher der Fall war. Leistung impliziert, in einer bestimmten Zeit eine bestimmte Arbeit in einer definierten Qualität zu erbringen. Durch das Zerstückeln von Arbeitsprozessen fehlen uns jedoch Identifikation mit der Tätigkeit sowie Bestätigung. Während der Arbeit zu funktionieren erscheint heute wichtiger als glücklich zu sein mit dem, was man ausführt (wobei wir doch gerade das besonders gut machen, was wir lieben!). Unsere Persönlichkeitsdefinition erfolgt über Ausbildung, Diplom, Wissen, Position und Geld. Die Verantwortung für die erbrachte Leistung oder für das Endprodukt reduziert sich immer mehr auf ein Minimum. Selbständigkeit (»Ich stehe selbst da«, »Ich bin selbst verantwortlich«) wird verdrängt und nicht gefördert. Stattdessen entsteht immer mehr Druck und Kontrolle. Leistungen, die am schlechtesten zu kontrollieren sind, werden erstaunlicherweise am schlechtesten bezahlt.
Seltsam – oder?

Aus dem Funktionieren entsteht Frustration, Demotivation und als Folge Ignoranz oder Abstumpfung. Wir wissen nicht mehr, wohin wir wollen; es mangelt uns an nötiger Lebenskraft. Befinden wir uns in diesem Zustand, ist es unmöglich, im »Hier und Jetzt« zu verweilen!

Manipulation ist ein weiterer Stressfaktor, der uns immer häufiger begegnet und unsere Sinne desensibilisiert. Ist die Meinung, die Sie über etwas haben, Ihre eigene? Wer oder was war bei Ihrer Meinungsbildung ausschlaggebend? Stellen Sie sich vor, Sie haben keinen Fernseher, kein Radio, kein Handy, kein Telefon und auch kein Internet. Was würden Sie tun? Wo und wie würden Sie sich Ihre Meinung zu bestimmten Sachverhalten bilden? Würden Sie vielleicht wieder mehr sich selbst glauben?

Häufig fühlen wir uns hilflos, weil wir glauben, dass wir dem Stress nicht entkommen können; somit wird er zum selbstverständlichen Bestandteil unseres Alltags. Wir stecken uns oftmals gegenseitig damit an. Wie kommen wir nun aus diesem Sog heraus?
Im Unterschied zu Pflanzen und Tieren haben wir Menschen den freien Willen, der es uns ermöglicht, in jedem Augenblick unseres Lebens eine Entscheidung für einen neuen Weg zu treffen. Nur wenn wir neue Wege einschlagen, können wir auch etwas verändern. Veränderung geschieht nicht, indem wir in der Routine verweilen oder uns um die eigene Achse drehen. Das mutige Beschreiten bislang unbekannter Wege lässt uns erfahrener und bewusster werden.

Strom
Das Wort »Strom« weist vielfältige Bedeutungen auf: elektrischer Strom; der Strom der Zeit; Flüsse, die zu Strömen werden; Menschenströme, in denen wir uns bewegen usw. Ihnen allen gemeinsam jedoch ist die Bewegung vieler kleinerer Einheiten in eine bestimmte Richtung, um ein Ziel zu erreichen. Je mehr Einzelteile sich miteinander verbinden, desto stärker wird das Potenzial. Ein Strom, der sich in seinem Flussbett bewegt, drückt sowohl Kraft und Stärke als auch Ruhe aus. Tritt von vielen verschiede-

nen Seiten mehr Wasser in den Strom ein, als das Flussbett fassen kann, kommt es zu einer Naturkatastrophe, Zerstörung und Verwüstung. Uns Menschen kann genau dasselbe widerfahren, wenn in unser Energiefeld, unsere Chakren, unsere Zellen (in allen unseren Zellen lässt sich ein elektrisches Potenzial – Bioelektrizität genannt – messen) ein unkontrollierter Energiestrom an Elektrizität einfließt. Auf der energetischen Ebene verursacht dies in allen Zellen, Organen, Nerven- und Blutbahnen, Drüsen, im Gehirn, Meridianen, Nadis, Nebenchakren und Chakren einen Kollaps, ein vollständiges Chaos. Bis heute ist noch nicht klar, wie viel Menge an elektromagnetischer Energie ein Mensch in seinem Energiefeld unbeschadet aufnehmen kann. Hellsichtigen Menschen, Kinesiologen, Bioenergetikern und Akupunkteuren ist inzwischen klar geworden, dass elektromagnetische Strahlung sehr wohl eine Auswirkung auf uns Menschen hat. Jedoch kann noch niemand genau beurteilen, wie viel (bzw. in welchem Zeitraum), in welcher Stärke der menschliche Organismus an elektromagnetischen Feldern bewältigen kann oder wie sich Induktionsstrom auf Aurafelder oder Nervenbahnen auswirkt.

Der moderne Mensch lebt in einem architektonisch gestylten Stahlbetonapartment. Morgens wird er von seinem Radiowecker mit den neuesten Weltnachrichten geweckt, und er schaltet dann sein elektrisch beheiztes Wasserbett aus. Auf dem Weg zum Bad fährt er seinen Computer hoch, um gleich danach im Aktienweltmarkt auf dem neuesten Stand zu sein. Während er duscht, kocht sich sein Essen in der Mikrowelle, und die Zeitschaltuhr der Kaffeemaschine hat dafür gesorgt, dass er pünktlich sein einsames Frühstück einnehmen kann. Dabei liest er die Tageszeitung und hört die neu eingetroffenen SMS-Nachrichten und den Anrufbeantworter ab. Bevor er seine Wohnung verlässt, wirft er noch einen kurzen Blick in seine Mailbox. Unser moderner Mensch fährt mit dem Aufzug in die Tiefgarage, um mit seinem vollelektronisch ausgestatteten Geschäftswagen am täglichen Stauvergnügen teilzunehmen. Während er steht und fährt, bespricht er natürlich schon die ersten Termine mit seiner Sekretärin per Handy. Den Tag verbringt er im voll klimatisierten Großraumbüro zwischen Computern, Kopierern, Druckern usw. Manchmal besucht ihn auch ein gestresster Kollege mit seinen neuesten Problemen ...

Wie sieht denn Ihr Alltag aus?
Die elektrotechnische Entwicklung, die vor genau einhundert Jahren mit der Erfindung des elektrischen Stroms begann, hat sich bis heute derart hochpotenziert, dass es weder für den menschlichen Körper noch für dessen Energiekörper möglich war, sich so schnell anzupassen.

Strahlung
Wir setzen uns täglich unbewusst zahlreichen Strahlungsquellen und elektromagnetischen Feldern aus und wundern uns, dass es immer mehr Menschen gibt, die an Krankheitsbildern leiden, die erst in den letzten Jahrzehnten entstanden sind und weder wissenschaftlich noch schulmedizinisch erklärbar sind. Auch im Tierreich haben zahlreiche Menschen besorgniserregende Beobachtungen gemacht – oder wie erklären Sie es sich,

dass eine Gruppe von Delfinen oder Walen so ganz plötzlich an Küstengebieten stranden und massenweise sterben? Welche Ursachen kann es haben, dass so viele Tierarten wie noch nie in so kurzer Zeit aussterben? Antworten werden Sie bei Menschen finden, die in und mit der Natur leben und arbeiten. Wenn sich viele Menschen ihrer selbst sowie der Pflanzen- und Tierwelt bewusst werden und dabei verstehen, wie sehr wir voneinander abhängig und wie eng wir miteinander verbunden sind, wird ein neuer, positiver »Strom« entstehen. Das Flussbett ist Mutter Erde, die Ufer heißen Mitgefühl und Achtsamkeit und das Ziel ist Menschlichkeit und Liebe. Die Kanarischen Blütenessenzen der Liebe besitzen eine sehr feine und hohe Schwingung. Sie unterstützen bei der Entfaltung der Liebesfähigkeit, indem sie Blockaden auflösen, Energien zum Fließen bringen und die sinnliche und übersinnliche Wahrnehmung verfeinern und erweitern. Sie können die Persönlichkeitsentwicklung und spirituelle Entwicklung kraftvoll unterstützen, den Weg zur inneren Stimme bahnen, uns helfen, unsere wahre Essenz zu leben und unsere Natur als spirituelles Wesen, als Lichtwesen wieder zu erkennen.

Wie finde ich die richtige Essenz?

Bevor Sie mit den Blütenessenzen zu arbeiten beginnen, sollten Sie sich über Ihre Motivation klar werden.
Sind Sie nur daran interessiert, ein Symptom verschwinden zu lassen, ohne sich genau zu vergewissern, woher es kommt und was es mit Ihnen zu tun hat, veranschaulichen Sie sich bitte dieses Beispiel:

Sie fahren auf der Autobahn, und plötzlich leuchtet am Armaturenbrett die Ölanzeige auf. Was tun Sie? Um das Symptom zu beseitigen, genügt es, mit einem Hammer auf das rote Lämpchen zu schlagen. Das Lämpchen ist aus und alles ist wieder in Ordnung. Sie können aber auch anhalten, eine Pause einlegen und den Motor abkühlen lassen, um genauer nachzusehen, was denn die Ursache für die angezeigte Fehlermeldung ist. Es könnte sein, dass nur Öl fehlt. Es könnte sein, dass der Ölstand in Ordnung ist, aber die Elektronik nicht richtig funktioniert ... Wie gehen Sie vor? Bei einer einfachen Diagnose – Öl fehlt – ist es möglich, sich selbst schnell zu helfen. Bei einer unklaren Sachlage müssen Sie jemanden finden, der sich mit Pannenhilfe auskennt.

Die Blütenessenzen arbeiten nicht an uns, sondern mit uns! Sie arbeiten immer mit der Persönlichkeit, der Essenz des Menschen, nie gegen eine Krankheit! Deswegen erscheint in diesem Buch kein Verzeichnis, das für die jeweilige Erkrankung die passende Essenz empfiehlt.

Die Energien von Blüten kommen auf uns zu und bieten sich an, uns auf unserem Weg zu begleiten. Man muss sich vorher klar sein, dass man sich auf einen Transformations-, Wandlungs- und Heilungsprozess einlässt. Prozesse entwickeln sich immer über einen bestimmten Zeitraum in einer dafür angemessenen Geschwindigkeit (schnell, mit Pausen, langsam), was bedeutet, dass es nicht die eine Essenz gibt, die im Nu alles wegpusten kann.

Befinden Sie sich in einer Situation, in der Sie sich selbst objektiv beurteilen können? Wenn Sie Zweifel haben, sich selbst einzuschätzen, oder wenn schwere Krankheiten vorliegen, so ist es unter Umständen besser, sich Hilfe zu holen. Haben Sie es mit Kindern oder alten Menschen zu tun oder wollen Sie Tieren und Pflanzen helfen, können Sie Ihrer Intuition vertrauen. Sie sollten aber darauf achten, aus welcher Motivation heraus Sie handeln.
Bedenken Sie dabei, dass man immer nur sich selbst und nicht die anderen ändern kann. Jeder ändert sich selbst am besten!

Zu Beginn ist es ratsam, eine Bestandsaufnahme Ihrer Gefühle zu machen: »Wie fühle ich mich in meiner augenblicklichen Situation?« Widmen Sie sich nicht körperlichen Symptomen. Nehmen Sie sich Zeit, ruhig zu werden, zu beten, zu meditieren, um sich selbst wieder spüren zu lernen. Öffnen Sie Ihr Herz in einem Zustand der Ruhe und Entspannung und stellen Sie sich vor, dass goldenes Licht aus Ihrem Herzchakra zu den Blütenessenzen hinströmt. Lassen Sie sich von Ihrer eigenen Liebe und Ihrer Dankbar-

keit darüber, dass die Essenzen jetzt für Sie da sind und mit Ihnen ein Stück Weg gehen wollen, ganz bewusst durchströmen. Bitten Sie nun die Pflanzenseelen, Ihnen auf Ihrem Weg des Lichts, der Liebe und der Heilung zu helfen. Sie können darauf vertrauen, dass die Blütenessenzen, die zu Ihnen kommen wollen, sich wärmer, angenehmer, energiegeladener, heller anfühlen. Streichen Sie mit Ihren Händen im Abstand von etwa fünf bis zehn Zentimeter über Ihr Blütenset und lassen Sie sich führen!

Sollten Sie schon Erfahrungen mit Pendel, Wünschelrute, Kinesiologie usw. haben, können Sie natürlich auch Ihre eigene Testmethode anwenden, um Ihre Blütenessenz zu finden.

Dann nehmen Sie die Blüten (nicht mehr als fünf), die sich »gemeldet« haben, aus der Ledermappe und stellen Sie diese vor sich hin. Mit Hilfe der Pflanzenseelen finden Sie nun heraus, welche Essenz oder Essenzenkombination jetzt im Augenblick die richtige für Sie ist, indem Sie jede Flasche einzeln für mindestens fünf Minuten in die Hand nehmen. Mit dieser Vorgehensweise können Sie intensiver spüren: Kribbeln, Kälte, Wärme, Emotionen, Atmung, Pulsieren und andere Empfindungen helfen Ihnen, sich zu entscheiden.

Jetzt wäre der richtige Augenblick, die Blütenessenzen im Buch nachzuschlagen, für die Sie sich über Spüren, Fühlen usw. entschieden haben. Nur in dieser Reihenfolge können Sie sicher sein, dass Sie von den Pflanzenseelen geführt werden und die für Sie effektivsten Blütenessenzen gefunden haben.

Sollten Sie in Versuchung kommen, die Blütenporträts mit ihren Wirkungen auswendig lernen zu wollen, kann es leicht passieren, dass Sie, anstatt geführt zu werden, sich selbst und andere in ein vorgegebenes Raster zwängen.

Kapitel 5

Mischungen und Anwendungsmöglichkeiten

Herstellung von Mischungen

Eine Mischung sollte nicht mehr als fünf Blütenessenzen enthalten, da sich sonst die Kräfte der Essenzen gegenseitig schwächen. Zu viele unterschiedliche Schwingungen wirken sich irritierend auf die Aura aus.

Wenn Sie nur eine einzelne Essenz für sich erspürt haben, kann die Anwendung direkt aus der Stockbottle erfolgen. Eine Mischung, bestehend aus mehreren Essenzen, lässt sich wie folgt herstellen: Entnehmen Sie der entsprechenden Essenzenflasche jeweils zwei Tropfen und geben Sie diese in eine neue Pipettenflasche, die dann mit Quellwasser aufgefüllt wird. Die Haltbarkeit einer solchen Mischung beträgt ungefähr zehn Tage.

Wollen Sie die Haltbarkeit verlängern, füllen Sie Ihre neue Pipettenflasche nur halb mit Quellwasser und gießen Sie mit hochprozentigem Alkohol (36–38 %) auf. Ich empfehle die Verwendung von Quellwasser deshalb, weil es die lebendigste und reinste Energie hat. Abgekochtes und destilliertes Wasser hat in Blütenessenzen nichts zu suchen!
Auf die Konservierungsmethode mit Alkohol verzichte ich inzwischen, da sie für Kinder, Menschen mit Alkoholproblemen, Tiere und Pflanzen ungeeignet ist. Ich schlage Ihnen deshalb vor, alle zehn Tage Ihre persönliche Mischung zu überprüfen, ob diese noch für Sie die richtige ist; gegebenenfalls stellen Sie eine neue her. Aus Erfahrung weiß ich, dass auf der feinstofflichen Ebene Veränderungsprozesse sehr schnell ablaufen, weshalb meist die ursprüngliche Essenzenmischung nicht mehr gebraucht wird. Sollte sich noch

ein Rest Ihrer Mischung in der Pipettenflasche befinden, bevor Sie eine neue Mischung ansetzen, schütten Sie diesen nicht achtlos weg, sondern geben Sie ihn liebevoll an die Natur zurück (zum Beispiel ins Blumengießwasser geben, einem Baum schenken usw.). Für eine Neumischung genügt es, die Flasche mit Quellwasser auszuspülen; jedoch sollte diese stets nur für den Gebrauch von Blütenessenzen benutzt werden.

Anwendungsmöglichkeiten

Einnehmen
Die gebräuchlichste Anwendungsform der Blütenessenzen ist, ein paar Tropfen unverdünnte Essenz unter die Zunge zu geben. (Problem: Im Augenblick ändern sich in mehreren Ländern die Arzneimittelgesetze, was zur Folge hat, dass eine orale Einnahme von Blütenessenzen verboten ist. Zum Beispiel darf in Deutschland eine Essenz in den

Mund getropft und in die Mundschleimheit eingerieben werden. Schluckt man jedoch auch nur einen Tropfen, wird die Blütenessenz zum Arzneimittel, das ja verboten ist!) Die Wirksamkeit würde sich nicht verändern, wenn man Essenzen mit Wasser, Saft, Milch, Kaffee, schwarzem Tee usw. vermischt.

Einreiben
Eine wunderbare Möglichkeit, Essenzen einzusetzen, ist, sie direkt auf die Haut zu träufeln und einzureiben. Als besonders sensible Stellen bieten sich vorzugsweise die Chakren und die Nebenchakren (Handinnenfläche, Fußsohle, Kniekehle, Armbeuge) an.
Des weiteren können Essenzen ein wohltuender Zusatz sein für beispielsweise Massageöl, Hautcreme, Hautwasser. Mischen Sie nur kleine Mengen, da Sie möglicherweise in zehn Tagen eine neue Mischung brauchen.

Umschläge
Für Körperpackungen, Wickel, Kompressen (zum Beispiel bei Hauterkrankungen, Insektenstichen, kosmetischen Behandlungen) tropfen Sie die Blütenessenz auf das Trägermaterial.

Bäder
Das wohltuende und entspannende Gefühl eines Bades können Sie noch steigern, indem Sie fünf bis zehn Tropfen Ihrer Essenzenmischung dem Badewasser zufügen. Meer- oder Kristallsalz und Aromatherapieöle verändern die Wirkung von Blütenessenzen nicht. Es ist jedoch darauf zu achten, dass die Blütenessenzen erst kurz bevor Sie sich in die Badewanne setzen eingeträufelt werden.

Am Körper tragen
Es ist wenig sinnvoll, Blütenessenzen über einen längeren Zeitraum (Tage oder Wochen) direkt am Körper zu tragen, da es wahrscheinlicher ist, dass nicht mehr die Blütenessenz den energetischen Impuls an die Aura abgibt, sondern dass die Aura die Informationen des Tagesgeschehens an die Flasche abgibt. Mit der Zeit geht die Reinheit der Information verloren.

Empfehlenswert ist der direkte Kontakt am Körper nur in Situationen, in denen Sie während einiger Stunden die Information einer Essenz unmittelbar brauchen, wie zum Beispiel: Prüfung, Vorstellungsgespräch, Gerichtsverhandlung, Vortrag halten, Zahnarztbesuch.

Besser ist es, wenn Sie mehrmals täglich bewusst und achtsam die Essenz einnehmen; der Vorteil ist, dass dies einen reaktivierenden Effekt in Ihrer Aura erzeugt.

Nachts unter das Kopfkissen legen
Sie sollten diese Anwendungsmöglichkeit persönlich ausprobieren, da es Menschen gibt, die durch den ständigen Energieimpuls nicht schlafen können. Bei anderen zeigt die Erfahrung, dass sie während der Ruhe- und Schlafphase besonders aufnahmefähig sind; sie berichten dann auch von themenbezogenen Träumen, ausgesprochen gutem Schlaf usw. Wenn Ihr Bett aber auf einer geomantischen Störzone steht oder Sie neben einem elektrischen Gerät schlafen, verändert sich die Reinheit und die Wirkung der Blütenessenz! Bei Babys und Kleinkindern sollten die Essenzen besser in Form von Bädern oder Massagen angewandt werden, da sie nicht die Möglichkeit haben, selbständig die Flasche aus ihrem Schlafbereich zu entfernen.

Raumspray
Eine Sprühflasche, gefüllt mit Wasser und Essenzen, ist eine weitere Möglichkeit, Pflanzenschwingungen in die Aura zu bringen. Wollen Sie eine Blütenessenz in ein gekauftes Raumspray geben, sollten Sie darauf achten, dass keine chemischen Zusatzstoffe enthalten sind, da sie möglicherweise die energetische Information der Essenz löschen.

Massage
Eine sehr angenehme und wohltuende Art und Weise, seinen Energiekörper mit Essenzen zu nähren, ist die Kombination von Massageöl, Aromatherapie und Blütenessenzen.

Anwendungsdauer, Anwendungshäufigkeit, Anwendungsrisiko

Die Dauer der Anwendung sollte genau dem Zeitraum entsprechen, den wir benötigen, um mit Hilfe der Essenzen an uns selbst zu arbeiten. Die Anwendung kann nur einmalig sein, einen Tag dauern oder Wochen bis Monate. Dabei spielt natürlich auch der Themenkomplex, die Bereitschaft, der Wille und die Disziplin, sich auf seinen eigenen Heilungsweg zu begeben, eine große Rolle.

Im Idealfall erinnert uns der Seelenanteil der Blüte an die Einnahme. Wir merken es daran, dass wir einmal oder mehrmals am Tag an die Essenz denken. Dies ist genau der richtige Zeitpunkt der Einnahme. Aber: Wer weiß schon, wie es sich anfühlt, dass der Seelenanteil einer Blüte einen erinnert, die Blüte anzuwenden? Es gibt nur zwei Alternativen: Entweder lernen wir, auf unsere innere Stimme zu hören, oder wir verordnen uns eine Dosis (einmal täglich zwei Tropfen, je nach Anwendungsart).

Es ist nicht schädlich, mehrmals täglich Blütenessenzen zu sich zu nehmen, um den energetischen Impuls erneut zu setzen. Ist dieser in der Aura noch gespeichert, passiert jedoch nichts im Energiefeld.

Die Anzahl der Tropfen sagt bei der Anwendung nichts über die Wirksamkeit aus. Egal, ob wir zwei oder zweihundert Tropfen zu uns nehmen – die Wirkung auf unseren Energiekörper ist genau die gleiche. Durch Essenzen wird energetische Information weitergeleitet, kein Wirkstoff! Wenn also Ihr Kleinkind eine Stockbottle austrinken sollte, gibt es eine einmalige Energieinformation im feinstofflichen Körper für die Dauer von Stunden bis Tagen. Das Schlimmste, das passieren kann, ist, dass Ihr Kind auf körperlicher Ebene auf den Alkohol (= 5 ml), der die Essenz konserviert, reagiert.

Blütenessenzen haben nur dann eine energetische Wirkung in unserer Aura, wenn wir noch nicht gelöste Themen in uns tragen. Aus diesem Grund kann eine »falsch angewandte« Blütenessenz keine Wirkung haben bzw. keinerlei Schaden anrichten. Sie fließt einfach durch den Energiekörper hindurch. Eine richtig angewandte Blütenessenz oder Essenzenmischung bewirkt auch keine Erstverschlechterung, da auch sie nur energetische Informationen enthalten. Jedoch kann es geschehen, dass sich Schmerz, Kummer, Schock, Demütigung, Zurückweisung usw. einer vergangenen Situation offenbaren, wodurch der physische Körper und aufsteigende Gefühle erstmals das ausdrücken können, was zum Zeitpunkt der Ursache kompensiert wurde. Damals schien es keine geeignete Lösungsmöglichkeit zu geben. Mit Hilfe der Blütenessenz besteht jetzt die Chance der Neuorientierung und Lösung von einengenden Verhaltensmustern.

Aufbewahrung

Wenn Sie an Ihren Essenzen lange Zeit Freude haben wollen, sollten Sie achtsam mit ihnen umgehen. Blütenessenzen sind Schwingungselixiere, welche ihre beste Wirkung in einem Umfeld positiver Schwingungen zei-

gen. Das bedeutet, dass Sie den Ort, wo Sie ihre Flaschen aufbewahren wollen, sorgfältig aussuchen sollten. Handy, Computer, Mikrowelle, schnurloses Telefon, Babyphone und alle anderen elektrischen Geräte können die Qualität verändern oder zerstören. Extreme Hitze fördert die Verkeimung, bei sehr tiefen Temperaturen platzen die Flaschen (Handschuhfach im Auto, auf dem Kühlschrank, Klimaanlage usw.).
Nach bisherigen Erfahrungen stellen Edelsteine, Schmuck, homöopathische Mittel, Aromatherapieprodukte, Parfüm keine energetischen Störungsquellen dar.

Es ist wichtig, die Essenzen in Reichweite zu haben, damit man immer bewusster lernt, mit den feinstofflichen Energien umzugehen. Bei mir zuhause stehen Ledermappe und Buch zusammen im Bücherregal. Wie sollen die Essenzen sich melden können, wenn sie zu uns keinen Kontakt haben?

Kapitel 6

Herstellung der Blütenessenzen

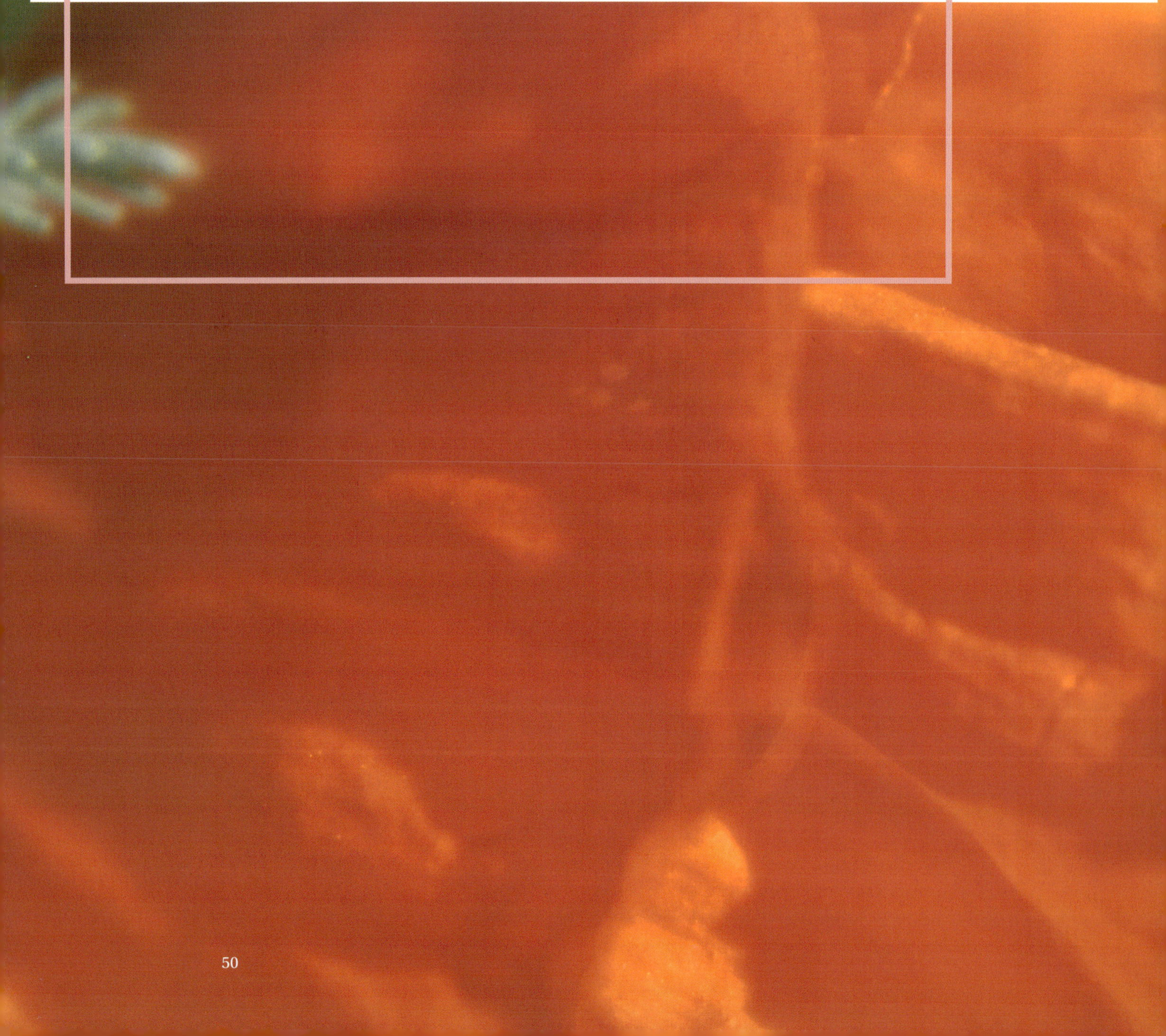

Vertrauen in meine Intuition

Die Herstellung einer Blütenessenz findet nie spontan statt. Sie kündigt sich mir über Träume und Meditationen an, aber auch in der Natur, wenn ich auf eine bestimmte Pflanze aufmerksam werde. Oft begegne ich einer speziellen Pflanze, wenn ich für einen Patienten ein Heilmittel suche. Nach der ersten Kontaktaufnahme vergeht meist noch einige Zeit, bis der Tag der Herstellung kommt. Es ist eine Zeit der Achtsamkeit, des Wartens und des meditativen Kontakts zur Pflanze. Wenn der richtige Zeitpunkt gekommen ist, ist es, als ob ich gerufen werde. Manchmal weiß ich es schon Tage im Voraus; es kann aber auch geschehen, dass mich die Pflanzendevas morgens förmlich aufwecken, um mir zu sagen, dass es so weit ist.

Wenn ich eigenmächtig entscheide, welche Blüte ich wo pflücken und wann herstellen möchte, und nicht meiner Intuition vertraue, geht das regelmäßig schief. Eine Essenz zum Beispiel habe ich viermal hergestellt. Das erste Mal ertrank im Blütenwasser eine Ameise, die ich beim Ansetzen nicht gesehen hatte. Ich musste alles wegschütten. Am nächsten Tag versuchte ich es erneut. Plötzlich änderte sich das Wetter. Wind und Wolken kamen auf. Wieder musste ich alles wegschütten. Bei meinem dritten Versuch kam unangemeldeter Besuch von temperamentvollen Palmeros. Die Schwingung der Blütenessenz wurde verfälscht, und wieder blieb mir nichts anderes übrig, als alles wegzuschütten. Beim vierten Mal ging alles glatt, keine Ameise, kein Wetterumschwung, kein Besuch. »Super!«, dachte ich und ging ins Haus, um Flaschen und Alkohol zum Abfüllen zu holen. Als ich wieder herauskam, stand mein Kater an der Schüssel und probierte die neue Essenz gleich aus. Wieder musste ich alles wegschütten. So lernte ich, mich führen zu lassen und zu warten.

Vorbereitung

Stelle ich eine Blütenessenz her, bereite ich mich jeweils sorgfältig darauf vor, um sicherzustellen, dass die Blüte ihre Information unverfälscht an das Wasser abgeben kann. Ich nehme zunächst eine Dusche oder ein Bad im Meer und reinige dadurch meinen Körper und meine Aura. Dabei stelle ich mir vor, dass alle Informationen in meiner Aura, die sich negativ auf die Herstellung der Blütenessenz auswirken könnten, von mir abfließen und sich in goldenes Licht auflösen. Wenn ich mich nicht reinigen würde, könnte dies den Effekt haben, dass unerwünschte Energien wie zum Beispiel Wut, Aggression oder Schmerz durch mich in die Essenz einfließen. Ich würde mit der so erzeugten Blütenessenz nicht mehr die reine Information der Blüte, sondern eine verfälschte Information an andere Menschen weitergeben. Nach der Reinigung ziehe ich mir saubere und helle Kleidung aus natürlichen Materialien an. Kleider beispielsweise vom letzten Discobesuch könnten ebenfalls die Schwingung der Blütenessenz beeinträchtigen. Helle Kleidung ist zudem besser geeignet als dunkle, weil sie Lichtenergie leichter aufnimmt. Natürliche Materialien sind synthetischen vorzuziehen. Synthetische Stoffe können auf der Körperoberfläche und in den Auraschichten einen Energiestau oder Spannungen erzeugen und dadurch meinen Energiefluss schwächen oder stören. Auch Shampoo, Öle oder Kosmetika könnten die Schwingung der Blütenessenz verändern. Ich verwende daher nichts von alledem. Außerdem spreche ich nicht mit anderen Menschen und sorge dafür, dass ich während des Herstellungsprozesses nicht gestört werde. Über meinen Mental- und Emotionalkörper würden Gedanken und Gefühle von mir oder anderen Menschen in die Blütenessenz einfließen und sie verfälschen. Natürlich stelle ich auch Telefon, Anrufbeantworter, Handy und Computer ab, damit mich nichts ablenkt und ich meine volle Aufmerksamkeit auf die Herstellung der Blütenessenz richten kann.

Durch die äußerliche Vorbereitung bringe ich mich bereits innerlich in einen Bewusstseinszustand erhöhter Achtsamkeit. In diesem Zustand beginne ich zu meditieren. Ich verbinde mich mit den Elementen Feuer, Wasser, Erde, Luft und Äther und lade die Pflanzendevas ein, mir bei der Herstellung der Blütenessenz zu helfen. Ihre Anwesenheit spüre ich als Vibration in meiner Aura, in meinen Chakren und in meinem Körper. Oft nehme ich die Devas auch als Energiefelder wahr – meistens als blaue, grüne oder türkisfarbene –, und manchmal kann ich sie auch riechen. Zusammen mit den Pflanzendevas gehe ich schließlich zur Pflanze.

Auswahl der Pflanzen und Blüten
Im Laufe ihres Erdendaseins speichert eine Pflanze alles, was ihr widerfährt. Alte Bäume, Farne oder Sträucher haben so betrachtet schon mehr »erlebt« als Blumen. Pflanzen speichern die Bedingungen ihres Standorts wie Bodenbeschaffenheit, klimatische und geomantische Einflüsse genauso wie die emotionale Atmosphäre ihrer Umgebung. Eine Pflanze, die von Menschen umgeben ist, die sich dauernd streiten, nimmt andere Schwingungen auf als eine, die in einer Atmosphäre der Liebe wächst. Wenn wir uns über eine Pflanze freuen, ihre Blütenpracht bewundern und uns von ihrem Duft bezaubern lassen, speichert sie das ebenso, wie wenn wir dauernd an ihr herumkritisieren, sie lieblos zurechtstutzen oder achtlos an ihr vorbeigehen. Sogar die Umstände, unter denen eine Pflanze gepflückt wird, fließen in ihre Schwingung ein. Wenn ich beispielsweise beim Sammeln einer Blüte stürzen würde, würde die Blüte meinen Schmerz oder meine Wut über den Sturz in ihre Aura aufnehmen. Für die Herstellung einer Essenz wähle ich nur Pflanzen aus, die günstige Bedingungen hatten. Dies ist sichtbar in der Größe und Leuchtkraft der Pflanzenaura; auch Pestizide oder Insektizide reduzieren diese sehr stark. Ich verlasse mich auf die Devas und meine Wahrnehmung. Bevor ich die Pflanze pflücke oder abschneide, erkläre ich ihr, was ich vorhabe, und bitte sie, sich als Blütenessenz den Menschen zu schenken. Blüten und Pflanzenteile, die sich einver-

standen erklären, zeigen mir das durch ein kurzes gelbes oder blaues Aufleuchten in ihrer Aura. Auch wenn ich mit meiner Hand in die Aura der Pflanze fasse, spüre ich, ob die Pflanze zu mir kommen will oder nicht.

Sonnenmethode
Die meisten meiner Blütenessenzen stelle ich nach der Sonnenmethode her. Für Nachtschattengewächse und Giftpflanzen wähle ich die Mondmethode und in Einzelfällen verwende ich auch die Kochmethode. Bei der Sonnenmethode pflücke ich die Blüten, nachdem der Tau sich aufgelöst hat und bevor die Sonne im Zenit steht. Ich lege die Blüten sofort in eine große, mit frischem Quellwasser gefüllte Glasschüssel oder auch in eine weiße Porzellanschüssel. Die Schüssel muss ganz sauber sein und frei von Spülmittel- oder Nahrungsmittelrückständen.

Wasser besitzt ein natürliches Gedächtnis, das heißt, alles, was ihm widerfährt, bleibt in seiner Schwingung gespeichert, auch wenn es chemisch nicht nachweisbar ist. Wasser aus der Wasserleitung hat auf seinem weiten Weg zu uns sehr viel von seiner natürlichen Vitalität, seiner ursprünglichen Schwingung verloren und dementsprechend unerwünschte Informationen aufgenommen und gespeichert. Zum Beispiel die Schwingung und Energie der Wasserrohre aus den unterschiedlichsten Materialien sowie viele Belastungen durch Chemie und Schwermetalle. Direkt an der Quelle, unmittelbar nach dem Austritt aus der Erde, ist das Wasser noch lebendig und rein und besitzt hohe Vitalität. Seine Information ist noch unverfälscht. Frisches Quellwasser eignet sich daher am besten zur Herstellung von Blütenessenzen. Durch das ständige Aufeinanderstoßen, Verbinden und wieder Abstoßen der Sauerstoff- und Wasserstoffatome vibriert Quellwasser förmlich.

Für die Herstellung von Blütenessenzen eignet sich nur ein schöner, klarer Sonnentag ohne Wind und Wolken. Durch Rauch, Staub und Sand verschmutzte Luft, aber auch Nebel, Regen oder Wolken würden sich negativ auf die Herstellung auswirken. Tage mit Calima, dem weißen Sandsturm aus Afrika, sind zum Erzeugen von Essenzen deshalb denkbar ungeeignet. Die Luft auf La Palma ist wundervoll und optimal zur Herstellung von Blütenessenzen geeignet. Sie fühlt sich an wie Seide. Jedes Mal, wenn ich aus dem Flugzeug aussteige und wieder palmerische Luft atme, freue ich mich über ihre sanfte Reinheit und Kraft.

Die mit dem Wasser und den Blüten gefüllte Schüssel bleibt nun für bestimmte Zeit in der Sonne stehen. Das Vibrieren der Sauerstoff- und Wasserstoffatome verstärkt sich durch die Sonneneinstrahlung, so dass die Schwingung und damit die Information der Blüten gut vom Wasser aufgenommen werden kann. Während des gesamten Herstellungsprozesses bleibe ich in mentalem Kontakt mit den Pfanzendevas und der Pflanze selbst. Ich bin meditativ mit ihnen verbunden und kann auf diese Weise sehen und spüren, wann der Transformationsprozess abgeschlossen ist, wann die Pflanze ihre Schwingung vollständig auf das Wasser übertragen hat. Es dauert in der Regel mindestens dreißig Minuten, meistens jedoch eine Stunde – manchmal sogar mehrere Stunden. Zum Schluss bedanke ich mich bei den Devas und der Pflanze, bei der Sonne und dem Wasser sowie bei allen Lichtwesen, die zum Wohle aller, die die Essenz benutzen werden, beteiligt waren. Dann nehme ich die Blüten aus dem Wasser und filtere die Essenz, um mögliche Reste von Blütenstaub zu entfernen. Die fertige Essenz konserviere ich mit hochprozentigem Alkohol. Alle Informationen, die ich während der Zeit der Herstellung mental, emotional oder sinnlich erfahren und wahrgenommen habe, schreibe ich auf. Anschließend vergleiche ich sie mit den Erfahrungen anderer hellsichtiger und hellfühliger Menschen, an die ich die Essenzen zum Testen weitergebe.

Mondmethode

Die Mondmethode wende ich bei Nachtschattengewächsen, Giftpflanzen und Pflanzen, aus denen Drogen hergestellt werden, an. Erstmals erfahren habe ich von dieser Methode, als ich aus dem Goldkelch, der Solandra nitida, die vor meinem Haus wächst, eine Blütenessenz herstellen wollte. Die Pflanzendevas erklärten mir, wie ich aus der Solandra eine Essenz erzeugen konnte; außer deren Informationen hatte ich sonst keine Aufzeichnungen über die Mondmethode. Ich probierte sie einfach aus und machte gute Erfahrungen damit.

Bei der Mondmethode pflücke ich die Blüten oder Pflanzenteile – im Kontrast zur Sonnenmethode – nachts, dann, wenn sich die Blüten der Nachtschattengewächse öffnen. Bei Giftpflanzen pflücke ich sie bereits abends. Ebenso wie bei der Sonnenmethode nehme ich Verbindung mit der Pflanze auf und lasse mich von ihren Devas leiten. Damit die Herstellung der Blütenessenzen gelingt, muss die Nacht sternenklar und von angenehmer Temperatur sein. Wolken, Regen oder Wind würden den Prozess behindern und die Information der Blütenessenz verfälschen. Ich lege die Blüten in frisches Quellwasser, damit sie ihre Informationen an das Wasser abgeben. Als Katalysator der Transformation fungiert jetzt nicht die Sonne, sondern der Mond. Abhängig vom Gestirnsstand und der Kraft des Mondes, die, wie wir von Ebbe und Flut wissen, je nach Mondphase sehr verschieden ist, wird die Pflanzeninformation vom Wassermolekül unterschiedlich aufgenommen. Die stärkste Transformation erlebte ich bei Vollmond im Skorpion. Astrologisch Interessierte, die wissen, dass Skorpion für Transformation steht, für das plutonische Prinzip des »Stirb und werde!«, wird das nicht überraschen.

Kochmethode

Die Kochmethode verwende ich sehr selten und fast ausschließlich bei Wurzeln und Rinden. Anders als bei der Sonnen- oder Mondmethode lege ich hierbei die Pflanzenteile in kochendes Wasser. Dabei sollten alle Teile von Wasser bedeckt sein, damit die Information vollständig an die Wassermoleküle abgegeben werden kann. Die Transformation erfolgt jetzt nicht mit Hilfe von Sonne oder Mond, sondern durch die Hitze des Feuers. Bei der Kochmethode fällt es mir viel schwerer, in mentalem Kontakt mit der Pflanze und den Devas zu bleiben, doch manchmal ist es nötig, sie anzuwenden, und ich bedanke mich auch für diese Möglichkeit.

Kapitel 7

28 Blütenporträts

Essenz 1

Aloe ferox, rot

Aloe ferox, rot

Kap-Aloe, Bitterschopf

Familie Liliaceae (Affodillgewächse)
Herstellung Sonnenmethode

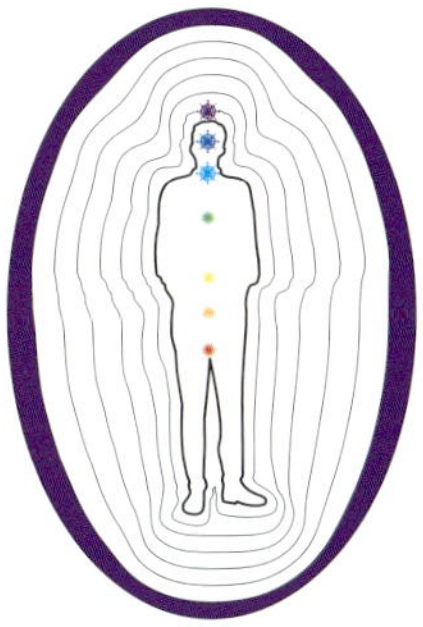

Thema

Selbstwert

Pflanzenbeschreibung
Die aus Südafrika stammende Aloe ferox ist auf La Palma weit verbreitet. Im Gegensatz zur Aloe vera, aus der der bekannte Aloe-Extrakt gewonnen wird, wird die Aloe ferox bis jetzt nicht für medizinische Zwecke eingesetzt. Die rosettenartig wachsende Aloe ferox wird bis zu drei Meter hoch und gilt auf La Palma als beliebte Gartenpflanze. Sie wächst auch oft wild an Straßenrändern oder als Heckenpflanze. Von Weihnachten bis März verzaubert die Aloe ferox mit ihren aufrecht emporragenden, scharlachroten Blütenzapfen die ganze Insel. Die Blüten leuchten schon von weitem und strahlen wie stattliche, vielarmige Kerzenleuchter ihr warmes Licht aus. Gleichzeitig ist die Pflanze jedoch sehr wehrhaft. Mit ihren dicken, am Rand dornig gezähnten Blättern hält sie sich Ziegen und Schafe vom Leib, und ihr bitterer Geschmack schützt sie selbst vor kleinen Nagetieren. Sogar Ameisen und anderes Getier, die einer Pflanze manchmal lästig werden können, weichen lieber auf bekömmlichere Alternativen aus. Die Aloe ferox führt uns vor, wie wir uns erfolgreich wehren und schützen können, um uns dann umso klarer in unserer ganzen Präsenz und Schönheit weithin sichtbar zu zeigen.

Schwingung
Ich spüre einen sanften Energiefluss, der von außen nach innen in die Aura fließt und stetig Energie aufbaut.

Wirkungsweise
Die Blütenessenz wirkt zuerst auf das Halschakra und aktiviert es vorne und hinten, bis es gleichmäßig in der höchstmöglichen Energie schwingt. Danach steigt die Energie nach oben ins Dritte Auge und ins Kronenchakra und verbindet diese beiden Chakren mit dem Halschakra.

Die Aloe ferox hilft uns, Selbstbewusstsein zu entwickeln. Selbstbewusstsein im Sinne der Aloe ferox hat nichts zu tun mit zur Schau gestellter Stärke und Sicherheit. Oft verbirgt sich hinter solchem Verhalten mangelndes Selbstbewusstsein. Wenn ich wahrhaft selbstbewusst bin, fällt es mir leicht, mich aufrichtig mit meinen Stärken, aber auch meinen Schwächen zu zeigen. Ich bringe stets meine innere Wahrheit klar zum Ausdruck. Außerdem stehe ich zu mir selbst und weiß, dass ich – so wie ich bin – ein wertvoller Mensch bin. Das zeigt sich auch darin, wie ich mich selbst behandle und für mich sorge. Es impliziert, dass ich für meine Bedürfnisse einstehen kann. Selbstbewusstsein ist abhängig von der Eigenliebe und Selbstachtung, die ich mir entgegenbringe, und vom Maß der Verantwortung, die ich für mich und mein Leben übernehme. Die Aloe ferox hilft uns, die im Halschakra verankerten Blockaden zu erkennen und Schritt für Schritt zu heilen.

Der Schlüssel hierzu ist Bewusstheit und Achtsamkeit; es gilt bewusst wahrzunehmen, wie ich mich in jedem Augenblick verhalte: Mit welchen immer gleichen Mustern und Strategien reagiere ich in bestimmten Situationen? Welche Werte und Normen, welche Glaubenssätze steuern unbewusst mein Denken, Fühlen und Handeln? Alles muss einer Prüfung unterzogen werden: Was stimmt noch für mich? Was stimmt nicht

mehr und behindert mich? Je mehr meine Bewusstheit zunimmt, desto mehr werde ich auch Verantwortung für mich, für mein Denken, Fühlen und Handeln übernehmen. Werde ich mir beispielsweise bewusst, wie und warum ich mich selbst sabotiere, kann ich niemand anderen mehr für mein Leid verantwortlich machen. Aloe ferox hilft mir zu erkennen, dass ich Wahlmöglichkeiten habe. Bewusstheit braucht Selbstliebe. Erst in Verbindung mit einer akzeptierenden, liebenden Haltung sich selbst gegenüber ist Bewusstheit wirklich heilsam. Was ich bewusst erkannt habe, will auch verstanden und liebevoll angenommen werden. Alte Wunden und Schmerzen brauchen unser Mitgefühl. Erst dann können sie erlöst werden und sich verändern. Der Prozess der Bewusstwerdung kommt ins Stocken, wenn es mir an Selbstliebe mangelt. Ich kann mir zum Beispiel meiner verdrängten Schattenseiten nur bewusst werden, wenn ich in der Lage bin, sie wirklich zu akzeptieren. In dem Maße, wie meine Bewusstheit wächst, gewinnt auch meine Selbstliebe an Tiefe und Wahrhaftigkeit. Die Aloe ferox unterstützt uns liebevoll in diesem Prozess.

Besonderheit

- Im Gegensatz zur Buddleja, deren Thema »Auflösen von alten emotionalen Schmerzen« ist, spricht Aloe ferox einen uns bereits bewussten Konflikt an: Bei ihr wissen wir, an was wir arbeiten wollen, was uns fehlt. Bei der Buddlejaessenz ist das Problem eher im Unbewussten, noch Unbekannten anzusiedeln und zeigt sich als emotionale Wunde.

Essenz 2

Aristolochia gigantea

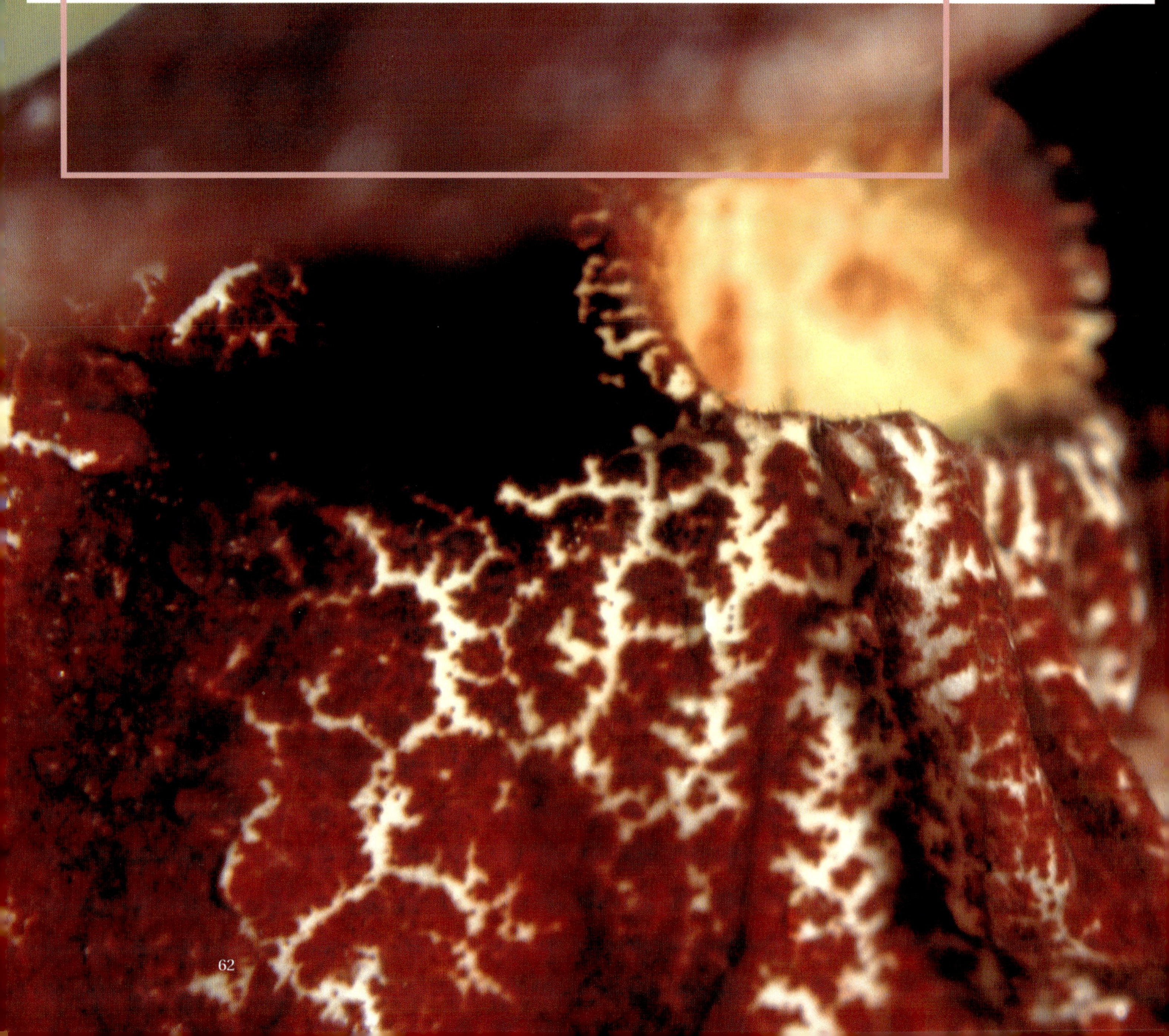

Aristolochia gigantea

Osterluzei, Pfeifenblume

Familie Aristolochiaceae
Herstellung Sonnenmethode

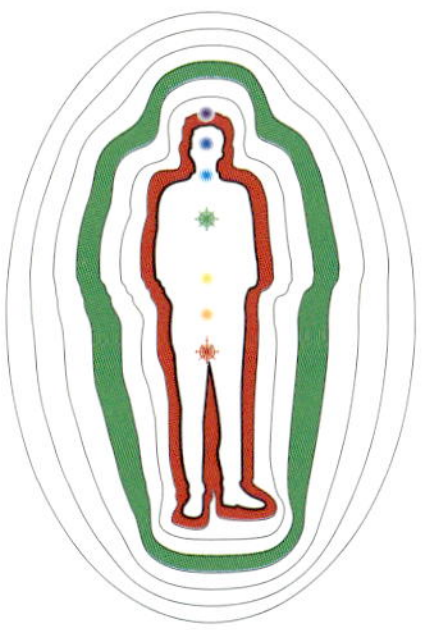

Thema

Herzensliebe

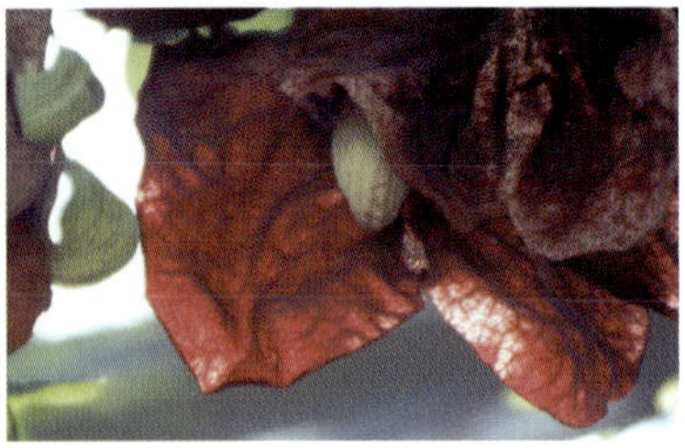

Pflanzenbeschreibung

Der ursprünglich aus Brasilien kommende immergrüne Kletterstrauch wächst bevorzugt an sonnigen Mauern und blüht das ganze Jahr über. Auffallend sind seine riesigen Blüten. Sie werden bis zu fünfzig Zentimeter groß. Die Riesenblüten sind ganz zart und leicht und fühlen sich an wie dünne, samtige Haut. Sie haben eine gelbliche Grundfarbe und sind dunkelrot-weiß gefleckt. Es passt gut zum Thema der Aristolochia, dass ihre Blüten genau wie ihre langstieligen Blätter von der Form her wie ein Herz aussehen. Die Aristolochia gigantea entdeckte ich in einem Buch über seltene Pflanzen der Kanarischen Inseln; ihre besondere Form und Farbe ließ mich sie suchen. Nach monatelangem Fragen und Forschen entdeckte ich sie im Garten einer deutschen Frau, die auf La Palma ein Gartencenter führt. Sie schenkte mir spontan zwei frisch erblühte »Herzen«. Am gleichen Tag stellte ich die Essenz her und war sehr berührt von ihrer Energie.

Schwingung

Ich spüre die Schwingung der Blüte als kräftige, fast prickelnde Energie. Es fühlt sich für mich an wie kleine Pfeile, die sich wie Windräder im Sommerwind drehen.

Wirkungsweise

Zunächst wirkt die Energie der Blüte stark erdend. Kraftvolle Lichtwurzeln wachsen vom Wurzelchakra aus tief in die Erde hinein. Die Blütenessenz verbindet mit der Erdenergie und aktiviert dabei kräftig pulsierend das Wurzelchakra. Danach strömt die Energie weiter nach oben, aktiviert alle anderen Chakren und verbindet sie mit allen Energiekörpern. Besondere Wirkung zeigt die Aristolochia dabei im zweiten Energiekörper (Emotionalkörper) und dem zugehörigen Sexualchakra. Sie aktiviert das Sexualchakra und leitet seine Energie weiter nach oben in die höheren Chakren, wo sie transformiert und verfeinert wird. Auf diese Weise unterstützt uns die Essenz, die Kraft des Sexualchakras gezielt dafür einzusetzen, unsere Liebesfähigkeit aktiv zu entfalten. Wir warten nicht mehr passiv auf den Traummann oder die Traumfrau, die unsere Liebe erwecken, sondern erkennen, dass wir zuerst die Liebe in uns selbst entdecken und freilegen müssen. Aristolochia hilft uns, alle im Sexualchakra und im Emotionalkörper gespeicherten Gefühle aufzuspüren, die unsere Herzensliebe noch blockieren. Das können zum Beispiel Glaubenssätze sein wie »Ich bin nichts wert«, «Ich bin nicht gut genug» oder «Ich bin nicht liebenswert». Um aus ganzem Herzen lieben zu können, müssen wir diese negativen Glaubenssätze, Gefühle und Muster zunächst bewusst anerkennen. Erst dann können wir sie Schritt für Schritt loslassen und zum Positiven hin verändern.

Nach dem metaphysischen Gesetz der Resonanz ziehen Menschen, die sich selbst lieben und diese Liebe durch ihr Herzchakra nach außen strahlen, auch wieder Liebe an. Wenn wir bedürftig sind und die Botschaft »Ich brauche dich« aussenden, ziehen wir keine Liebesenergie an: Wir begegnen ebenso Bedürftigen. Treffen sich zwei bedürftige Menschen, die überzeugt sind, dass die Liebe nur außerhalb von ihnen zu finden ist, ist das auf Dauer für beide Partner frustrierend: Sie schließen im Grunde einen »geschäftlichen Handel« ab nach dem Prinzip »Gibst du mir, gebe ich dir«. Zur ersehnten Erfüllung führt eine solche Tauschbeziehung nicht.

Der Weg zu einer glücklichen Liebesbeziehung führt über die Selbstliebe: Erst wenn ich mich selbst liebevoll annehmen kann und dabei keinen Teil von mir ausgrenze, werde ich auch andere von ganzem Herzen lieben können – mit all ihren Licht- und Schattenseiten. Erst wenn ich mich an mir selbst, an meinen vielen inneren Schätzen freuen kann, werde ich mich auch an anderen Menschen, an den Tieren und der Natur von ganzem Herzen erfreuen können. Zunächst gilt es also, die Liebe in sich selbst zu entdecken und zu entwickeln. Wenn ich ehrliche Herzensliebe ausstrahle, die nichts vom anderen erwartet, wird diese Liebe mir selbst als Geschenk begegnen. Liebe ist das Einzige, das sich verdoppelt, wenn man es teilt!

Fallbeispiel
Eine Patientin, die sowohl ihr Leben gut organisiert hatte und auch im beruflichen Bereich sehr erfolgreich und glücklich war, kam mit dem Problem, dass all ihre Partnerschaften letztlich immer so endeten, dass sie als Mutter, Therapeutin, Ratgeberin und Freundin dastand, aber nicht als Frau und Geliebte geschätzt wurde. Jeder Partner hatte andere Schwierigkeiten; es war auf den ersten Blick gar nicht klar zu erkennen, was sie alle gemeinsam hatten. Nach einigen Gesprächen kristallisierte sich heraus, dass sie ihren neu kennen gelernten Partner mit Liebe, Zärtlichkeit, herrlichem Essen, Massagen und einer Fürsorge ohnegleichen überschüttete; unbewusst aber erwartete sie, das Gleiche wieder zurückzubekommen – was nie geschah! Nach einiger Zeit trennte sich der Mann von ihr, und sie stand frustriert, verletzt und traurig da. »Ich mache doch alles, was nur geht!«, sagte sie mir mit Tränen in den Augen. Ihrem unbewussten Verhaltensmuster folgend, zog sie stets bedürftige Partner an. Heute weiß sie darum, auch um ihre eigene Bedürftigkeit; sie spielt nicht mehr die Rolle der »Versorgerin«.

Nach Therapie und Erfahrung mit Aristolochia gigantea zeigt sie sich als Frau mit Herz und Gefühl. Sie hat heute – nach einer Phase ohne Partnerschaft – einen Mann, der sie so sieht, wie sie wirklich ist und sie um ihrer selbst willen liebt.

Essenz 3

Brachychilum horsfieldii

Brachychilum horsfieldii

Ingwergewächs

Familie Zingiberaceae (Ingwergewächse)
Herstellung Sonnenmethode

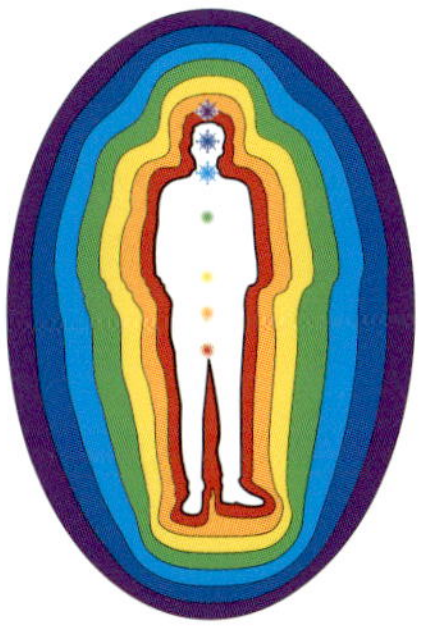

Thema

Willenskraft und Selbstausdruck

Pflanzenbeschreibung

Dieses immergrüne, wurzelstöckige Ingwergewächs wird bis zu achtzig Zentimeter hoch. Ursprünglich kommt die Pflanze von Java. Sie braucht feuchten Boden und viel Sonne. Meistens sieht man sie in Parks oder privaten Gärten. Wenn ihr Wasser oder Nährstoffe fehlen, kümmert sie vor sich hin und kommt nicht zum Blühen. Bei guten Bedingungen jedoch erfreut sie uns das ganze Jahr über mit ihren exotischen Blüten in knalligem Rot und Orange. Ungewöhnlich ist die asymmetrische, ährenartige Form der Blüten. Bevor ich den botanischen Namen der Pflanze ausfindig machen konnte, nannte ich sie »Außerirdische Drüsenpflanze«. Irgendwie sieht die Blüte drüsenartig aus – wie von einem anderen Stern. Mir scheint, dass die Ingwerpflanze in Gruppen gepflanzt schneller wächst und üppiger blüht. Offenbar ist es eine Pflanze, die Gesellschaft liebt.

In meinen Garten gelangte sie dank einer Verwechslung in der Gärtnerei. Die jungen Pflanzensprösslinge hatten noch keine Blüten und waren falsch ausgezeichnet. Laut dem Etikett hätte meine Pflanze weiß blühen sollen. Welche schöne Überraschung, als sie ihre erste bunte Blüte bekam …

Schwingung

Die Essenz fließt zuerst zum Halschakra; anschließend nach oben zum Dritten Auge und zum Kronenchakra. Ich spüre sie wie kleine Windräder, die sich schnell drehend in den oberen Chakren Platz und Raum verschaffen. Die Essenz fließt dann durch die Energiekanäle nach unten zum Wurzelchakra. Von dort aus bildet sich ein kräftiger Lichtanker, der stark erdend wirkt. Alle feinstofflichen Körper werden von innen nach außen aktiviert. Es ist, als ob man einen Lichtschirm aufspannt; der die Aura stärkt und festigt.

Wirkungsweise

Die »Außerirdische Drüsenpflanze« ist besonders für Menschen geeignet, die spüren, dass sie irgendwie anders sind und die sich nirgends so recht zugehörig fühlen. Sie fragen sich vielleicht immer wieder: »Wer bin ich?« oder »Wieso fühle ich mich hier so fremd?« oder »Warum bin ich so anders als die anderen?«. Viele von ihnen beginnen sich stark anzupassen, um nicht aufzufallen und um nicht als Außenseiter zu gelten oder diskriminiert zu werden. Andere ziehen sich in sich selbst zurück, verstecken sich und lassen ihr Leben letztlich durch andere bestimmen. Beide Strategien sind wenig produktiv und lassen die Schätze dieser Menschen verkümmern. Von der »Außerirdischen Drüsenpflanze« lernen sie, wie sie ihre Potenziale entfalten können: Brachychilum nimmt sich den Raum, den sie braucht, um zu gedeihen. Sie behauptet selbstbewusst ihren Platz, selbst Unkraut hat zwischen ihren Stauden kaum eine Chance – geschweige denn eine andere Pflanze. Außerdem braucht sie viel Wasser; Wasser steht symbolisch für Gefühle, für das »Im-Fluss-Sein«. Sie liebt die Sonne – das versinnbildlicht Freude, Lachen und Lebendigkeit. Und sie wächst am besten in Gruppen, das heißt, sie braucht Gleichgesinnte, Freunde oder eine Seelenfamilie. Erst dann wächst sie optimal und entwickelt sich zu einer prächtigen Pflanze, deren Blüten schon von weitem leuchten. Die Blüten symbolisieren Erfolg, persönliches und spirituelles

Wachstum. Bekommt sie das alles nicht, so verkümmert sie.
Die Essenz bringt unsere Energien zum Fließen und zeigt uns gleichzeitig, wo wir nicht im Fluss sind und bereits auszutrocknen beginnen. Sie hilft uns, eigenen Raum für uns zu beanspruchen und unseren Platz einzunehmen. Brachychilum unterstützt uns darin, unseren Willen aktiv zum Ausdruck zu bringen und einzufordern, was uns zusteht. Wenn wir uns die Fragen stellen: »Wer bin ich?« und »Was will ich?«, kann die »Außerirdische Drüsenpflanze« uns helfen, klare Antworten zu finden und unsere wirklichen Ziele zu erkennen. Mit ihr werden wir wieder aktiv und mobilisieren all unsere Energien, um unsere Ziele und Visionen zu realisieren. Nach Schicksalsschlägen hilft Brachychilum uns wieder auf die Füße.

Besonderheit

- Brachychilum ist eine ideale »Entscheidungsblüte«. Sie hilft uns, von einem unklaren Vielleicht zu einem klaren Ja oder Nein zu finden. »Daniel Düsentrieb«, die Comicfigur aus »Mickey Mouse«, repräsentiert die Energie von Brachychilum auf lebendige Weise: Voller Begeisterung macht sich der schlaue Erfinder ans Werk. Durch nichts lässt er sich abhalten, durch keine Misserfolge entmutigen. Egal, was passiert, er glaubt an sich und seine Vision und arbeitet unbeirrt dafür, sie zu realisieren – was er letztlich auch immer schafft!

Essenz 4

Buddleja madagascariensis

Buddleja madagascariensis

Schmetterlingsflieder

Familie Buddlejaceae (Sommerfliedergewächse)
Herstellung Sonnenmethode

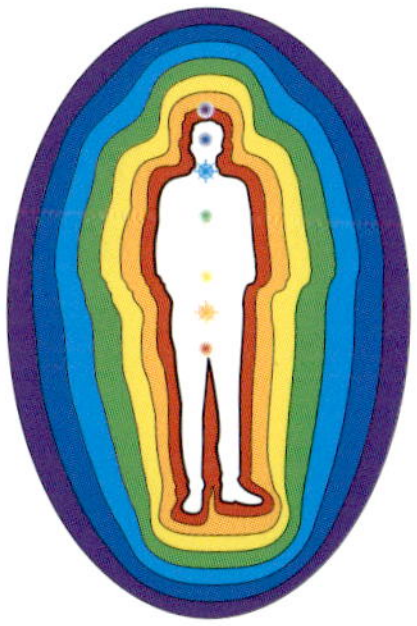

Thema

Auflösen alter emotionaler Wunden und Schmerzen

Pflanzenbeschreibung
Bei der Buddleja handelt es sich um einen Sommerflieder, der auf den Kanaren allerdings nicht im Sommer, sondern im Winter und Frühjahr blüht. Die Buddleja wächst vor allem in subtropischen Gärten. Ihre zapfenförmig nach unten hängenden Blüten setzen sich aus vielen kleinen, orangeviolettfarbenen Blütchen zusammen. Wenn die Buddleja blüht, ist sie ständig von Schmetterlingen umringt, die von ihrem Duft angezogen werden. Im Deutschen wird die Buddleja deshalb Schmetterlingsflieder genannt.

Schwingung
Bei der Herstellung und beim Arbeiten mit der Buddleja spüre ich zuerst ein starkes, pulsierendes Kribbeln im Halschakra, danach eine wohlige Wärme im Sexualchakra. Es fühlt sich an, als ob mein Sexualchakra tanzen würde, als ob ich Schmetterlinge im Bauch hätte.

Wirkungsweise
Die Buddlejaessenz aktiviert das Halschakra und verbindet es mit dem Sexualchakra. In der Aura sehe ich orangefarbenes Licht, das zum Kronenchakra strebt und violettes Licht, das abwärts strebt, und sich in die inneren Energiekörper hineinbewegt. Die Essenz breitet sich dann von innen nach außen aus und stärkt und vergrößert dabei alle Energiekörper.

Bei alten Wunden, die dem Bewusstsein nicht zugänglich sind, ist die Buddleja sehr hilfreich. Meist deutet nur ein diffuses Grundgefühl auf solche Wunden hin – zum Beispiel ein Gefühl, nicht willkommen zu sein oder nicht da sein zu dürfen. Menschen mit dieser Wunde sind meistens sehr liebenswert und hilfsbereit. Sie sind immer für andere da und stellen deren Bedürfnisse über ihre eigenen. Wie die Blüten der Buddleja lassen diese Menschen niemand erkennen, wie es tief in ihrem Inneren aussieht. Damit möchten sie keinen Menschen belasten. Die Buddleja kann uns wieder für das schmerz lich Erlebte öffnen oder in uns den Wunsch wecken, etwas »Altes« abzuschließen. Möglicherweise löst sie Träume aus, in denen alte Verletzungen auftauchen oder noch einmal durchlebt werden. Sanft spürt sie den verdrängten, emotionalen Schmerz auf und hilft, ihn anzuschauen und schließlich anzunehmen. Auf diese Weise unterstützt die Buddleja auf liebevolle Weise, alte Blockaden in unserem Emotionalkörper aufzulösen. Wir lernen, unsere Bedürfnisse zu erkennen und auszudrücken (Halschakra) und endlich auch für uns selbst zu sorgen. Wenn wir unsere Gefühle nicht mehr unterdrücken, sondern integrieren, sind sie nicht mehr qualvoll und bereichern unser Leben.

Unerfüllte Sehnsüchte nach Liebe und Geborgenheit und alle Verletzungen im Bereich des zweiten Chakras können mit Hilfe der Buddleja transformiert werden: Wir können erkennen, dass wir nicht wirklich getrennt sind von anderen Menschen und der Natur. Buddleja lässt uns das Gefühl des All-Eins-Seins erahnen. Durch die Aufarbeitung alter Verletzungen erfahren wir ein tiefes Gefühl von Geborgenheit und Schutz. Denn gerade wenn das Leben große Herausforderungen für uns bereithält, erkennen wir, dass wir letztlich immer getragen werden. Die zarte Pflanze zeigt sehr starke Wirkung und ist insbesondere im therapeutischen Bereich ein wunderbares Geschenk der Natur und der Devas.

Besonderheit

• Für mich ist die Buddlejablüte speziell für Menschen, die in therapeutischen Bereichen arbeiten, geeignet. Häufig haben Menschen, die emotionale, traumatische Verletzungen erfahren haben, den Wunsch (und die Fähigkeit), anderen zu helfen. Die Buddleja kann sich als sehr untersützend erweisen, um nicht dem Helfersyndrom zu verfallen, um zentriert und bei sich zu bleiben und mitfühlend zu sein (statt mitleidend!)

• Auch bei dem Syndrom der »Übermutter«, die immer weiß, was andere brauchen, und sich scheinbar für alle aufopfert, eignet sich die Buddlejaessenz ausgezeichnet. Diese Menschen geben, sorgen und handeln nicht aus Liebe; sie definieren sich über ein »Gebrauchtwerden« – das sie fatalerweise mit Liebe verwechseln.

Essenz 5

Callistemon rigidus

Callistemon rigidus

Zylinderputzer

Familie Myrtaceae (Myrtengewächse)
Herstellung Sonnenmethode

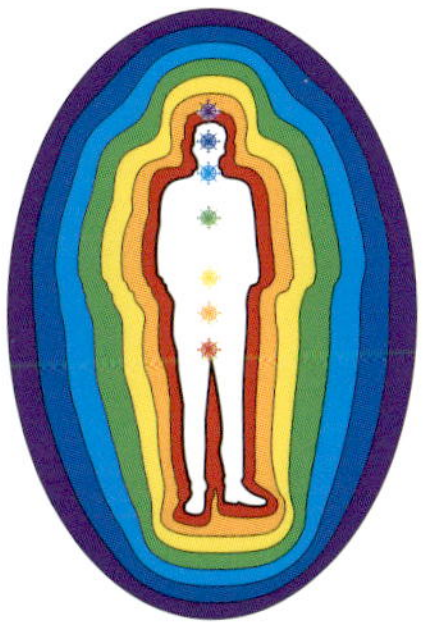

Thema

Auflösen von Blockaden

Pflanzenbeschreibung
Dem Zylinderputzer bin ich gleich bei meiner Ankunft hier auf La Palma begegnet. Kein Wunder, denn er ist mit seinen lustigen Blüten, die wie knallrote Flaschenputzer aussehen, wirklich sehr auffällig. Auch durch seinen sehr aromatischen Duft zieht er schnell die Aufmerksamkeit auf sich. In voller Blüte sieht der Baum oder Strauch aus, als hätte sich jemand einen Scherz erlaubt und den Baum über und über mit roten Flaschenputzern geschmückt. Beim Callistemon rigidus stehen alle Blütenstände keck nach oben. Aus der gleichen Familie gibt es auf La Palma noch eine andere Art: den Callistemon viminalis, bei dem die Blütenstände nach unten hängen. Im Gegensatz zum eher fröhlich wirkenden Callistemon rigidus sieht dieser Strauch jedoch eher traurig aus.
Callistemon rigidus ist ein immergrüner Strauch mit harten, spitzigen Blättern. Aus ihm kann ein bis zu acht Meter hoher Baum werden. Er gehört zu den Myrtengewächsen und kommt ursprünglich aus Australien. Relativ anspruchslos nimmt er auch längere Trockenperioden nicht übel. Deshalb, jedoch vor allem wegen seiner auffallenden Blütenstände ist er in den kanarischen Gärten sehr beliebt. Die lustigen Flaschenputzerblüten laden ein zum Streicheln und Spielen.
Als ich auf diese Weise das erste Mal mit den Blüten in Kontakt kam, spürte ich mit meinen Händen die wirbelnde Energie der Blütenstände und auch die ruhige, beharrliche Kraft des Baumes.

Schwingung
Ich fühle eine ruhige, kräftige Energie, die langsam von unten nach oben steigt. In den oberen Chakren und Energiekanälen verwandelt sich die Energie und wird immer feiner und wirbeliger.

Wirkungsweise
Die Callistemonessenz pulsiert und wirbelt durch alle Chakren. Wenn ein Energiekanal, ein Chakra oder ein Energiefeld verstopft und blockiert ist, wirkt die Essenz wie ein energetischer Dampfstrahler, der langsam, aber stetig das ganze Energiesystem durchputzt – so lange, bis alles wieder durchlässig ist. Die Energie des Zylinderputzers hilft uns, unser Leben in die Hand zu nehmen und tatkräftig alle anfallenden »Reinigungs- und Lösungsprozesse« in Angriff zu nehmen.
Oft gebe ich Patienten diese Essenz zuerst. Denn nachdem Callistemon am Werk war, zeigt sich meist sehr deutlich die Grundursache einer Störung. Die Essenz wirkt wie ein Türöffner, der uns aus einem chaotischen Zustand heraus und in einen überschaubaren hineinführt.

Die Energie der Pflanzenessenz breitet sich von unten nach oben aus: unten zuerst stark und kraftvoll; dann nach oben hin immer feiner werdend. In der Aura sieht das aus, als werden zuerst die energetischen Wurzeln gestärkt, um uns im Hier und Jetzt – auf der Erde und in unserem Körper – kräftig zu verankern. Diese Erdung ist die Basis dafür, dass die dann wirbelig hochschießende, feine Energie unseren Kopf frei machen kann. Erst wenn wir mit den Füßen sicher auf dem Boden stehen, können wir uns einen klaren und realistischen Überblick über unsere Lage verschaffen.

Besonderheit

• Eine Mischung aus den Essenzen Callistemon und Jacaranda hilft gegen Kopfzerbrechen und klärt unsere Gedanken, so dass wir unsere Lage wieder realistisch betrachten können.

• Wenn uns der Sinn für die Realität fehlt und wir uns Illusionen hingeben oder in einem Zustand der Stagnation verharren, kann Callistemon in Kombination mit Ricinus communis uns wieder auf den Boden bringen und helfen, dass wir unsere Probleme anpacken und lösen.

• Gegen Schüchternheit hat sich Callistemon und Citrus sinensis als Mischung bewährt.

• Falls man in Selbstmitleid stecken geblieben ist, hilft Callistemon in Verbindung mit Miltionia, sich aus der Opferhaltung zu lösen und sein Leben wieder in die Hand zu nehmen.

Fallbeispiel

Ich war gerade fertig mit der Herstellung der Callistemonessenz, da kam meine Tochter Katharina auf mich zu. Sie war damals gerade vierzehn Jahre alt und fing an zu jammern: Erstens hatte sie Rückenschmerzen, zweitens fand sie die ganze Situation, in die ich sie mit dem Umzug auf die Insel gebracht hatte, unerträglich. Sie hatte keine Freunde mehr, es gab kein Jugendzentrum, das neue Schulsystem, Spanisch, die Insel – alles war blöd! Sie litt und war sauer auf mich. Auf die neue Situation wollte sie sich keinesfalls einstellen. Noch ganz in Verbindung mit der Energie von Callistemon, gab ich ihr die gerade hergestellte Essenz. Nach einer Stunde kam sie wieder – mit einer Liste. Darauf standen alle negativen Erlebnisse und Frustrationen, all meine mütterlichen Verfehlungen, alles, was ihr in den letzten Jahren (!) Kummer bereitet hatte – fein säuberlich aufgelistet. Sie war sehr wütend und las mir alles sehr aufgebracht vor. Ohne eine Erklärung abzuwarten oder irgendwelche Hilfe von mir zu wollen, marschierte sie energisch raus in den Garten. Noch am gleichen Tag packte sie ihr Leben wieder an: Mit Hilfe von Callistemon hatte sie eine gründliche Standortklärung durchgeführt und sich einen klaren Überblick verschafft. Auf diese Weise konnte sie jetzt wieder nach vorne in die Zukunft blicken. Seitdem weiß ich, wie schnell und durchschlagend Callistemon wirken kann.

Übrigens, auch die Rückenschmerzen waren weg! Alles war durchgeputzt und frei.

Essenz 6

Carica papaya

Carica papaya

Papaya, Melonenbaum

Familie Caricaceae
Herstellung Sonnenmethode

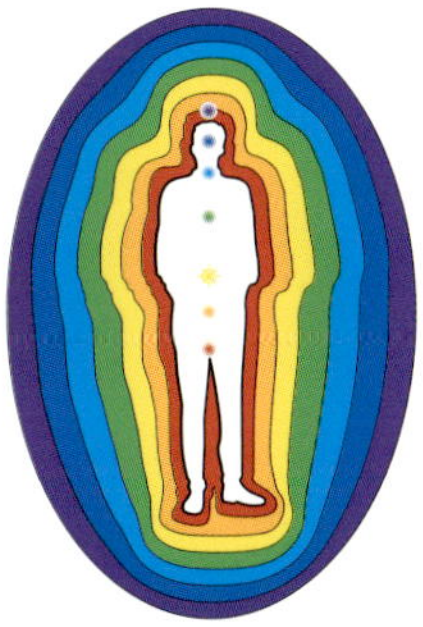

Thema

Ganzwerden, Heilwerden

Pflanzenbeschreibung
Der Papayabaum kann mit seinem halbholzigen Stamm bis zu sechs Meter hoch werden und kommt ursprünglich aus den amerikanischen Tropen. Er bildet männliche, weibliche und doppelgeschlechtige Triebe aus. Die weiblichen Blüten sind mit ihren drei bis fünf Zentimetern fast doppelt so groß wie die männlichen. Sie sind sanftgelb und wachsen in traubenartigen Büscheln nahe am Stamm. Die weiß bis cremefarbenen, männlichen Blüten bilden bis zu fünfundzwanzig Zentimeter lange, herunterhängende Rispen. Der Papayabaum liebt nährstoffreiche Böden. Allerdings mag er es nicht, im Wasser zu stehen, und er bevorzugt daher eher sandige Böden. Der Baum wird vor allem wegen seiner Früchte, den Papayas, gepflanzt. Papayas sind melonenartige, exotische Früchte mit gelb- bis orangerotem Fruchtfleisch und dunkelgrünen rundlichen Kernen. Sie sind sehr lecker und bekömmlich, denn das Papain, ein Alkaloid, hilft dem Körper, Eiweiß aufzuspalten. Im medizinischen Bereich wird Carica papaya deshalb bei Verdauungsproblemen eingesetzt. Sogar die unreifen Früchte kann man essen. Fallen beim Sturm Früchte vom Baum, kann man sie hervorragend als Gemüse kochen. Der Papayabaum wächst schnell und verleiht einem Garten exotischen und tropischen Charakter.

Mich faszinieren die drei unterschiedlichen Geschlechtlichkeiten der Papayablüten. Der Papayabaum ist dadurch außerordentlich flexibel, wenn er Früchte bilden will. Fehlen beispielsweise weibliche Blüten, so können männliche und doppelgeschlechtige Pflanzen sehr wohl Blüten bekommen; die daraus resultierenden Früchte sind länglich und nicht so süß wie die runderen der weiblichen Pflanzen. Mit dieser besonderen Fähigkeit ist die Wahrscheinlichkeit, dass der Papayabaum seine Blüten in Früchte verwandelt, höher als bei anderen Pflanzen.

Schwingung
Ich fühle eine weiche Energie, die von unten kommend alle Chakren aktiviert und sich besonders im Solarplexus sammelt. Dann breitet sich die Energie nach außen in die Aura aus. Die Aura wird dadurch insgesamt größer, und alle feinstofflichen Energiekörper gewinnen an Dichte und Stärke. Für mich sieht es aus, als stünde ich in einem auf dem Kopf stehenden Kegel aus strahlend hellem Licht.

Wirkungsweise
Die Essenz aus den Papayablüten wirkt wie eine aus der Erde heraus leuchtende, sich nach oben vergrößernde Lichtquelle: Ihre Energie aktiviert sehr stark alle Energiekanäle und Verbindungen in und zwischen unseren Energiekörpern und Chakren. Dadurch löst die Essenz alle energetischen Stauungen, so dass unsere Energie wieder frei fließen

kann. Störungen und Blockaden in unseren Chakren und Energiekörpern können unterschiedlichste Formen annehmen. Ich sehe bei Menschen zum Beispiel Löcher oder Risse. Sie betreffen entweder nur einzelne Energiekörper und kleinere Stellen oder durchziehen alle Energiekörper. Es können mikrofeine Sieblöcher oder kleine punktförmige Löcher sein. Es gibt auch Löcher, die wie Einstiche oder Durchschüsse aussehen. Manchmal nehme ich total zerfetzte Bereiche wahr – ähnlich wie bei einer Explosion. Durch alle Löcher verlieren wir Energie: Sie tröpfelt, quillt oder strömt heraus. Risse können ebenfalls unterschiedlichste Formen annehmen. Sie können glatt und haarfein sein oder gezackt – wie bei einem Blitzeinschlag. Zuweilen sieht eine Aura auch wie verklebt aus oder wie in der Waschmaschine »geschleudert«. Ich habe öfter Beulen und Dellen gesehen, auch Blasen – ähnlich wie Brandblasen auf der Haut. Es gibt auch Blockaden, die – wie starre Gitternetze – Bereiche der Aura oder eines Chakras einzwängen. Das sieht manchmal so aus, als trage die Person eine Bleiweste, einen Panzer oder eine Ritterrüstung. Sehr häufig sind auch dunkle Stellen oder Verfärbungen sichtbar: von kleinen punktförmigen Klecksen bis hin zu größeren Flecken gibt es hier ein weites Spektrum. Dunkle Stellen weisen auf Stagnation hin, der Energiefluss ist dort ganz versiegt.

Carica papaya führt allen Bereichen der Aura Energie zu und repariert energetische Schäden. Es ist, als hätten Sie eine größere Festplatte in Ihrem System installiert – und dazu das neueste Softwareprogramm. Doch was Sie mit Ihrem frisch aufgerüsteten »Computer« machen, ob Sie die neu geschaffenen Möglichkeiten nutzen oder nicht, können nur Sie selbst entscheiden.

Das Thema der Blüte ist »Ganzwerden« und »Heilwerden«. »Ganzwerden« bedeutet, die unterschiedlichen Persönlichkeitsaspekte bewusst zu integrieren und zu leben. »Heilwerden« steht im Kontrast zu »Krankwerden«. Wenn wir krank sind, sind wir in Disharmonie. Um zu verstehen, wie wir wieder heil werden können, müssen wir herausfinden, was uns krank gemacht hat – oder besser formuliert: wie wir uns haben krank machen lassen! Carica papaya kann uns helfen, unsere Selbstheilungskräfte zu aktivieren. Auf den Weg machen müssen wir uns selbst. Heilwerden geschieht nicht ohne Eigenverantwortung. Nicht die Essenz heilt uns, auch nicht der Arzt, Heilpraktiker oder Heiler, ebensowenig der Therapeut oder Partner. Aber wir können uns öffnen und Hilfe suchen, um uns selbst zu heilen.

Besonderheit

- Carica papaya ist eine der drei Essenzen, die in meiner Auraschutz-Mischung enthalten sind. (Mehr Informationen dazu siehe Essenz 28 »Auraschutz«.)
- Jetlag und schnelle Wechsel aller Art können mit Carica papaya besser bewältigt werden.
- Bei langwierigen Heilungsprozessen haben mir Menschen positiv berichtet, dass Carica papaya sie unterstützt hat, durchzuhalten und ihren Weg zu gehen.

Essenz 7

Citrus sinensis

Citrus sinensis

Orangenblüte

Familie Rutaceae (Rautengewächse)
Herstellung Sonnenmethode

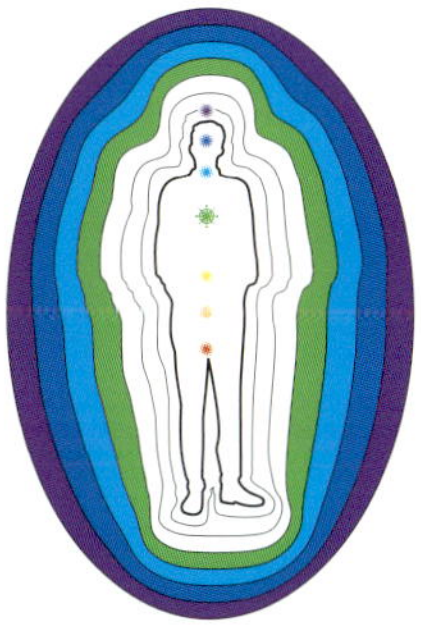

Thema

Eigenliebe

Pflanzenbeschreibung
Der Orangenbaum stammt ursprünglich aus China. Die Orange ist wahrscheinlich die bekannteste subtropische Frucht; sie wird besonders in Spanien, Südfrankreich und Kalifornien kommerziell angebaut. Alle Sorten sind reich an Vitamin C. Aus den Fruchtschalen werden ätherische Öle gewonnen, die in der Parfumindustrie und auch in der Medizin sehr geschätzt werden. Zu den nächsten Verwandten der Orange zählen Mandarine, Zitrone, Limette und Grapefruit. Wie alle Zitrusgewächse ist der Orangenbaum sehr empfindlich gegenüber Schädlings- und Pilzbefall. Wenn man auf Pestizide und Fungizide verzichten will, muss man ihn sehr intensiv und liebevoll pflegen. Sonst kann es leicht passieren, dass Schädlinge den »zarten« Orangenbaum eingehen lassen.

Im alten Wissen des Feng Shui gilt der Orangenbaum als Symbol des Reichtums, weil er das ganze Jahr über grünt und blüht und Früchte trägt – er hat also Blätter, Blüten und Früchte zur gleichen Zeit. Mit Reichtum sind alle Lebensbereiche gemeint: Spiritualität, Ideenreichtum, Kreativität und Schaffenskraft ebenso wie materieller Erfolg, Geld, Anerkennung und Ansehen.

Für die Essenz verwendete ich zwölf zarte, stark duftende, weiße Orangenblüten von einem Orangenbaum aus meinem Garten. Es war eine der ersten Essenzen, die ich hier auf La Palma herstellte.

Schwingung
Eine sehr sanfte und wolkige, feine und duftende Energie kommt von oben und hüllt mich von allen Seiten liebevoll ein. Sie fließt nach innen zum Herzchakra und bildet dort einen Schutzkokon aus weißem und goldenem Licht. Ich fühle mich geschützt und geborgen, wie von Licht berührt.

Wirkungsweise
Der Schutzkokon aus Licht wirkt stark öffnend auf das Herzchakra und lässt uns spüren, dass wir angenommen und geliebt sind. Der Schutzmantel erlaubt uns, unsere Liebe offen und ohne Angst strömen zu lassen – zu Menschen genauso wie zu Tieren und Pflanzen. Die Essenz ermöglicht uns, wieder wie ein Kind über die Herzensenergie in Kontakt und Austausch zu gehen.

Citrus sinensis hat so etwas Liebevolles, dass sofort der Wunsch in mir entstand, alle Neugeborenen mit dieser Energie auf der Erde zu begrüßen. Ich sprach darüber mit Hebammen, die meine Idee gleich aufgriffen und seitdem dem ersten Badewasser der Neugeborenen einen Tropfen der Essenz zufügen. Die Resonanz ist unglaublich positiv. Es ist offensichtlich, dass sich die Babys freuen und es wunderschön empfinden. Die Orangenblütenessenz wirkt für das Neugeborene wie ein »Herzlich willkommen hier auf der Erde.« Die Babyseele wird liebevoll in die Erdenergie eingehüllt, so dass ihr der Übergang vom feinstofflichen Bereich in die Erdmaterie leichter fällt. Die Orangenblütenessenz verhilft dem Neugeborenen, ganz in seinem Körper anzukommen und sich und seine Aufgabe auf der Erde freudig anzunehmen. Bei den meisten Menschen fehlte dieser herzliche Willkommensgruß zu Beginn ihres Lebens. Sie hadern mit sich und wollen

irgendwie anders sein. Die Essenz kann ihnen helfen, sich jetzt selbst liebevoll anzunehmen.

Wenn wir uns ungeliebt fühlen, wenn wir unser Herz zugemacht haben, kann Citrus sinensis wertvolle Unterstützung bieten. Sie ermöglicht uns, unsere gepanzerte Herzenstüre wieder einen Spalt zu öffnen, wenn wir uns nach schmerzhaften Erfahrungen nicht mehr auf nahe Beziehungen einlassen wollen. Mit ihr können wir das Leben wieder mit allen Sinnen erleben und wahrnehmen.
Wir gelangen wieder in unsere Mitte und an unsere eigene Quelle, wo die Liebe nie aufhört zu fließen.

Nach meinen Erfahrungen können mit Citrus sinensis alle Sinneskanäle aktiviert werden. Vor allem Kinder haben bei der Anwendung der Essenz häufig helle Lichter und einen schönen Duft wahrgenommen.

Besonderheit

• Kinder, die ein neues Geschwisterchen bekommen haben und jetzt eifersüchtig sind, kann Citrus sinensis helfen, sich wieder geliebt und geborgen zu fühlen. Auch bei Tieren, die durch Trennung und Konkurrenzkampf belastet sind, wirkt die Essenz sehr stark ausgleichend.

Essenz 8

Epidendrum hybride

Epidendrum hybride

Orchidee

Familie Orchidaceae (Orchideengewächse)
Herstellung Sonnenmethode

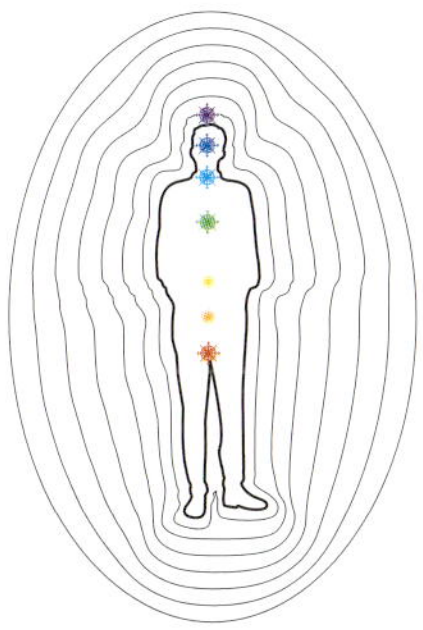

Thema

Regeneration und Aktivierung des Wurzelchakras: "Ich bin!"

Pflanzenbeschreibung
Epidendrum hybride ist eine Kreuzung aus dem kolumbianischen Epidendrum erectum und dem Epidendrum radicans, der aus Guatemala stammt. Die kleine Orchidee liebt die pralle Sonne, gedeiht aber auch im Halbschatten. Sie wächst wild an Weg- und Straßenrändern und ist auch eine beliebte, anspruchslose Gartenpflanze. Die auf La Palma verbreitete Art bildet grazile, rote Blütenrispen aus, an denen wir uns die ganzen Wintermonate über erfreuen können. Auf den anderen kanarischen Inseln blüht diese Orchidee gelb und orange – in Rot habe ich sie bislang nur auf La Palma gesehen. Ich selbst nenne die kleine Orchidee liebevoll »Roter Vogel«. Im Folgenden erfahren Sie, welche Geschichte dahinter steckt.

Die Epidendrum hybride kündigte sich mir durch einen Traum an. Ich träumte, dass ich gemeinsam mit meiner Tochter, meinem Mann und unserer Hündin, einem Golden Retriever, in einem wunderschönen Haus lebte. Es war früher Morgen eines strahlenden Sommertages. Cara, unsere Hündin, war trächtig und hatte sich gerade im sonnendurchfluteten Innenhof niedergelassen, um ihre Babys zur Welt zu bringen. Kurz nachdem die Wehen eingesetzt hatten, gebar sie auch schon ihr erstes Junges. Cara biss die Fruchtblase auf. Ich traute meinen Augen kaum – auch Cara stutzte. Es war kein kleiner Hund, sondern ein erwachsener, grüner Papagei. Aber ohne noch lange zu zögern, leckte Cara ihn energisch trocken. Der Vogel schüttelte sich, breitete seine Flügel aus und flog mühelos auf eine Palme im Innenhof. Dort sang er uns sein erstes Lied. Mir hüpfte das Herz vor Freude. Erneut setzten bei Cara die Wehen ein und wieder gebar sie einen Vogel – diesmal einen gelben. Auch das nächste Baby war ein Vogel, ein roter Vogel. Doch mir stockte der Atem. Der rote Vogel war tot! Cara leckte und stupste ihn, dann sah sie mich mit traurigen Augen an, als wollte sie sagen: »Mach du doch was!« Doch ich konnte nur meinen Mann rufen. Liebevoll hüllte er den roten Vogel in ein großes Seidentuch und trug ihn in den Garten, um ihn an einem guten Platz zu begraben. Bei Cara setzten wieder die Wehen ein, und sie gebar noch vier weitere Vögel, einen orange- und einen lilafarbenen, einen blauen und einen weißen. Insgesamt waren es sieben wundervolle, bunte Papageien – aber der rote Vogel war tot. Die anderen sechs flatterten fröhlich im Haus herum, sangen, alberten und spielten mit uns, vor allem mit meiner Tochter. Das ganze Haus war erfüllt von Freude, und auch Cara, die Vögel in der Realität nicht ausstehen kann, war glücklich. In diesem Moment wachte ich auf.

Ich konnte mich an die kleinste Kleinigkeit meines Traumes erinnern. Alles war unglaublich real. Ich sah noch das wunderschöne Haus vor mir, die fantasievolle Ausstattung, den riesigen Innenhof mit den exotischen Pflanzen – und ich trug noch alle Gefühle und Gedanken des Traumes in mir, die überströmende Freude, aber auch den Schmerz über den toten, roten Vogel. Der Tag begann. Ich fütterte Cara und meine Katzen, goss meinen Garten, begrüßte den neuen Tag, das Meer, die Sonne und meditierte. Alles war ganz normal, aber mein Traum ging mir nicht aus dem Sinn.

Beim Frühstück erzählte ich ihn meinem Freund Josef, der gerade bei mir auf La Palma zu Besuch war. Vor kurzem hatte er seine Frau Hilde verloren, eine liebe Freundin von mir, die mit 55 Jahren sehr schnell an Krebs gestorben war. Hilde war in ihrer Umgebung beliebt und geschätzt, weil sie allen mit Liebe, Achtsamkeit und Mitgefühl begegnete. Hilde und Josef hatten in ihrer langjährigen Ehe viel miteinander erlebt. Hilde hatte als junge Frau einige Abgänge und Totgeburten und etliche Unterleibsoperationen durchstehen müssen. Als Folge davon war sie später oft krank und kämpfte mit Herzproblemen, Kreislaufversagen und chronischen Nierenproblemen. Ihre Leiden brachten sie dazu, sich intensiv mit Sinnfragen und spirituellen Themen auseinander zu setzen. In einem meiner Seminare lernte ich sie kennen. Die vielen Jahre der Krankheit und der Suche hatten sie sehr weise werden lassen, und sie strahlte dies mit ihren glitzernden und schelmischen Augen auch aus. Die letzten Wochen ihres Lebens ging sie ganz bewusst und voll Vertrauen ihrem Tod entgegen. Sie wusste, dass sie nur ihren Körper ablegen würde. Josef, ein sehr sportlicher und weltoffener Mann, stand nun mit seinen 58 Jahren alleine da und suchte Neuorientierung. Er war von Hildes Art zu leben und zu sterben beeindruckt und beschäftigte sich deshalb nach ihrem Tod mit ihren Büchern und Seminarunterlagen und suchte auch den Kontakt zu ihren spirituellen Freunden. So lernte er schließlich auch mich kennen und besuchte mich auf der Insel.

Auch Josef wusste meinen Traum nicht zu deuten, und so machten wir uns nach dem Frühstück an die geplante Arbeit. Wir hatten uns vorgenommen, die Strelitzia nicolaei herzustellen. Nachdem mir bereits die Devas die Pflanze angekündigt hatten, rief kurz darauf auch die deutsche Frau, in deren Garten ich die Strelitzia entdeckt hatte, an: »Jetzt steht sie in voller Blüte. Sie ist wunderschön.« Zusammen mit Josef fuhr ich an diesem Morgen los, um die Blüte zu holen. Sie war riesig groß und schwer. Gemeinsam sägten wir sie ab. In Gedanken war ich schon ganz bei der Herstellung der Essenz und mit der Frage beschäftigt: »Wie kriegen wir bloß diese Riesenblüte in ein passendes Gefäß?«, da drückte mir die Hausherrin noch einen Zweig einer wilden Orchidee mit zarten, roten Blütchen in die Hand. Schon bei unserer Ankunft wollte sie uns unbedingt diese Orchidee zeigen, doch ich wollte an diesem Tag nur die Strelitzia und hatte den Hinweis geflissentlich überhört. Etwas widerwillig, weil die Orchidee schon abgepflückt war, aber auch weil ich völlig mit der Strelitzia beschäftigt war, nahm ich die Rispe dann doch mit. Zuhause stellte ich sie in eine Vase auf den Esstisch, und dann widmeten wir uns voll und ganz der Strelitzia. Nach ungefähr sechs Stunden waren wir endlich fertig. Die Essenz war abgefüllt und alles wieder verstaut. »Geschafft!« Inzwischen war es Nachmittag, die Sonne brannte auf uns herunter und wir freuten uns auf den Strand.

In diesem Moment fiel mein Blick auf die Orchideenrispe. Fast vorwurfsvoll stand sie da – mitten auf dem Tisch. Mein Wunsch, im kühlen Meer zu baden und faul in der Sonne zu liegen, stand nun mit meiner Achtsamkeit der Blüte gegenüber im Konflikt. »Also meine kleine Orchidee«, entschied ich nach einem kurzen telepathischen Dialog mit ihr, »ich sehe es ein. An den Strand können wir auch morgen noch. Du aber bist heute gepflückt worden, und das soll nicht umsonst gewesen sein.« Wir machten uns an die Arbeit. Ich legte die Rispe in eine große Schüssel mit Quellwasser. Es war eine wunderschöne Stimmung, vor uns das tiefblaue Meer, über uns die Sonne am strahlend blauen Himmel.
Wie üblich lud ich die Devas ein, uns bei der Herstellung zu begleiten. Kaum hatte ich meine Einladung ausgesprochen, war ein heftiges Brausen und Schwingen um Josef und mich. Es war, als würden Tausende von Devas über das Meer zu uns kommen. Ein Vibrieren ging durch uns hindurch, so hoch, stark und schön, dass Josef und ich vor Freude weinten. Die Energie stieg immer weiter an, und als nach etwa einer Stunde die Herstellung beendet war, waren Josef und ich immer noch in einer Art Trancezustand.
Josef schaute mich mit Tränen in den Augen an und sagte mit unglaublicher Gewissheit und Liebe in seiner Stimme: »Wenn Hilde vor vielen Jahren diese Blütenessenz gehabt hätte, wäre ihr und mein Leben ganz anders verlaufen.«

Als wir die Essenz herstellten, hatten wir ausgiebig Zeit, sie intensiv zu betrachten. Ihre kleinen Blütenkelche sehen jeweils aus wie ein exotischer, roter Vogel, der seine Schwingen weit ausgebreitet hat und fliegt. Das Rätsel meines Traumes war gelöst. Caras Vögel stehen für die sieben Chakren. Im Traum war der rote Vogel, der für das Wurzelchakra steht, tot. Die Blütenessenz jedoch verhilft dem roten Vogel zum Fliegen. Das bedeutet, sie macht das Wurzelchakra wieder lebendig und heil.

Schwingung
Ich fühle eine weiche Wolke, rosafarben bis rot glühend, die mich sehr liebevoll und sanft einhüllt und vollkommen entspannend auf mich wirkt.

Wirkungsweise
Die Essenz fließt über die Aura unmittelbar

zum Wurzelchakra und fängt dort an, alle energetischen, emotionalen und mentalen Störungen zu heilen. Sie bringt die Energie im Wurzelchakra wieder zum Fließen und verbindet uns nach unten hin mit der Erde und über das Herzchakra auch nach oben hin zum Licht und zur höchsten Liebe.

Für Menschen, die hier auf der Erde von ihren Eltern nicht erwünscht waren, die sich ungeliebt, schwach und wertlos fühlen, kann der »Rote Vogel« sehr positiv wirken. Er hilft, belastende und traumatische Erfahrungen, die unsere Wurzeln und unser Sein betreffen, positiv zu verarbeiten.

Der »Rote Vogel« wirkt heilend auf alle Verletzungen im Wurzelchakra. Bei negativen Erfahrungen im Bereich Sexualität, Schwangerschaft und Geburt wird meist das Wurzelchakra verletzt: bei einer Abtreibung genauso wie bei einem Abgang oder beim Tod eines Kindes, aber auch bei Eingriffen und Untersuchungen im Genitalbereich; und natürlich auch bei sexuellem Missbrauch und Vergewaltigung (bei Vergewaltigungen kann das Wurzelchakra sogar zerreißen oder explodieren). Demütigungen im erotischen und sexuellen Bereich und Sexualstörungen, die mit Schock und Trauma verbunden sind, lassen sich mit Hilfe des »Roten Vogels« gut therapieren.

Die Essenz hilft auch bei Angst vor Nähe, Liebe und Hingabe, wenn Verletzungen im Wurzelchakra die Ursache sind.

In stressreichen Lebensphasen ist die Essenz ebenfalls sehr hilfreich; indem sie entweder die Kraft gibt, diese Phase durchzustehen, oder indem sie uns erkennen lässt, dass es an der Zeit ist, Pause zu machen und liebevoll für sich selbst zu sorgen.

Besonderheit

• Bei Geburten aller Art, nicht nur realer, sondern auch geistiger und psychischer Art, ist diese Essenz eine große Hilfe. Die Essenz unterstützt uns auch, traumatische Erfahrungen, die uns »entwurzelt« haben, positiv zu bearbeiten.

Essenz 9

Eschscholzia californica

Eschscholzia californica

Himalayamohn, Goldmohn

Familie Papaveraceae (Mohngewächse)
Herstellung Sonnenmethode

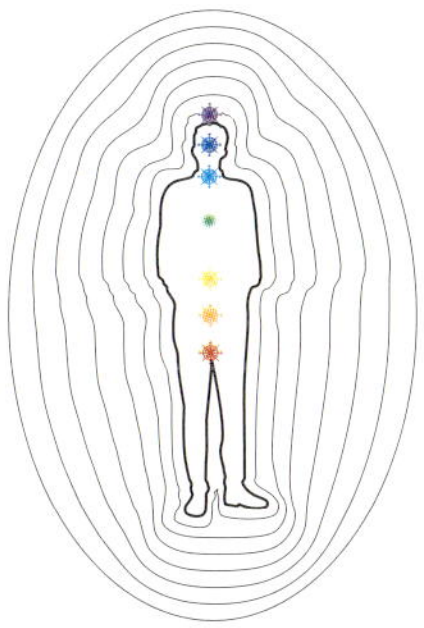

Thema

Balance

Pflanzenbeschreibung
Die Eschscholzia californica ist eine kahle, aber reich verzweigte, bläulich-grüne Pflanze. Sie wächst überall an Wegrändern und auf Feldern, bis in Höhe der Kiefernregion. Ihre zarten Blüten bestehen aus vier gelben Kronblättern. Die tiefgelben Blütenbüschel der Eschscholzia sind typisch für den Sommer auf La Palma. Die Eschscholzia wächst in Feldern und überall an den Hängen leuchtet ihr fröhliches, warmes Gelb.

Der Sommer ist auf La Palma die Zeit der Fiestas, des Feierns und des Tanzens – die Palmeros sind Meister darin. In den lauen Sommernächten wird ausgelassen getanzt, gesungen und gelacht, teilweise bis zum frühen Morgen. Lange bewunderte ich die enorme Kondition der Palmeros, bis ich anfing, mir ihren Rhythmus zu eigen zu machen: morgens arbeiten; mittags Siesta machen; nachmittags einkaufen, Familie und Freunde treffen; abends sich schick anziehen, ausgehen, essen, tanzen und feiern. Inzwischen möchte auch ich nicht mehr auf meine Siesta verzichten. Wie die Palmeros liege ich im Sommer jeden Mittag faul und genüsslich im Schatten und lasse mich durch nichts stören, außer durch Anrufe aus Deutschland, wo es ja keine Siesta gibt. Frisch und voller Energie beginnt nach dieser Auszeit so ab vier Uhr nachmittags wieder das Leben. Auch der Himalayamohn nimmt sich seine Ruhephasen: Wenn es zum Beispiel regnet, schließt er seine Blütenkelche und ruht, bis die Sonne wieder scheint.

Schwingung
Ich spüre, wie die starke, warme Energie gleichmäßig pulsierend vom Wurzelchakra aus nach oben strömt und nach unten einen Lichtanker zur Erde hin bildet. Gleichzeitig fließt von oben eine Lichtenergie. Sie verbindet das Kronenchakra mit dem Dritten Auge und dem Halschakra und bildet nach oben hin einen Lichtanker zum Himmel.

Wirkungsweise
Die Eschscholzia balanciert sanft Energieungleichgewichte in den Chakren aus. Dabei dient das Herzchakra als Verteilerstation: Das Herzchakra verteilt die Energie gleichmäßig nach oben ins Halschakra, Stirnchakra und Kronenchakra sowie nach unten in Solarplexus, Sexualchakra und Wurzelchakra. Vom Herzchakra aus werden wir auch wieder nach unten zur Erde hin und nach oben zur höchsten Liebe hin verbunden.

In der Natur folgen den Phasen extremer Kraft und Lebensfreude ganz selbstverständlich Phasen des Rückzugs und der Kontemplation. In unserer Kultur ist dieser Rhythmus bei den meisten Menschen aus der Balance geraten. Die Eschscholzia hilft uns, wenn der harmonische Wechsel zwischen Aktivität und Ruhe, zwischen Disziplin und Sichgehen lassen, zwischen Ausgelassenheit und Traurigkeit ins Ungleichgewicht gekommen ist. Mit ihr können wir wieder unsere innere Mitte finden. Wenn man zu lange in einer Phase der Traurigkeit und des Rückzugs stecken geblieben ist, aktiviert die Eschscholzia vor allem das Sexualchakra: zuständig für Fruchtbarkeit, Sexualität und positiv gelebte Aggressionskraft. Will dagegen die aktive Phase gar nicht mehr aufhören, unterstützt uns die Essenz, Phasen des Rückzugs, der Regeneration und der Neuorientierung zuzulassen. Dieser ausbalancierende Effekt macht die Eschscholzia besonders wertvoll. Alle Übertreibungen, egal ob in Richtung Aktivität oder in Richtung Passivität, können mit ihrer Unterstützung erkannt und ausgeglichen werden.

Die Eschscholzia hilft auch, wenn diese Zustände suchtartigen Charakter annehmen. Naturgemäß fällt es dann besonders schwer, wieder die Balance zu finden. Suchtartiger Aktivismus wird in unserer Kultur meist gar nicht bewusst wahrgenommen, vor allem, wenn sich die Sucht auf gesellschaftlich akzeptierte Art ausdrückt: zum Beispiel als Arbeitssucht, Fitnesssucht, Konsumsucht oder Vergnügungssucht. Suchtartige Passivität wird dagegen schon eher als krankhaft erlebt: zum Beispiel Fernsehsucht, Schlafsucht, depressive Zustände oder chronische Lethargie. Selbst wenn Drogen die Ursache sind, dass man in Aktivität oder Passivität stecken bleibt, kann sich die ausbalancierende Energie der Eschscholzia positiv auswirken.

Besonderheit
- Die Kombination aus Eschscholzia, Citrus sinensis und Pancratium canariensis gibt uns Kraft und Durchhaltevermögen für schwierige Situationen.
- Eschscholzia in Verbindung mit Musa acuminata hilft die Balance zu halten zwischen Körper und Geist.

Essenz 10

Euphorbia canariensis

Euphorbia canariensis

Kandelaberkaktus

Familie Euphorbiaceae (Wolfsmilchgewächse)
Herstellung Sonnenmethode

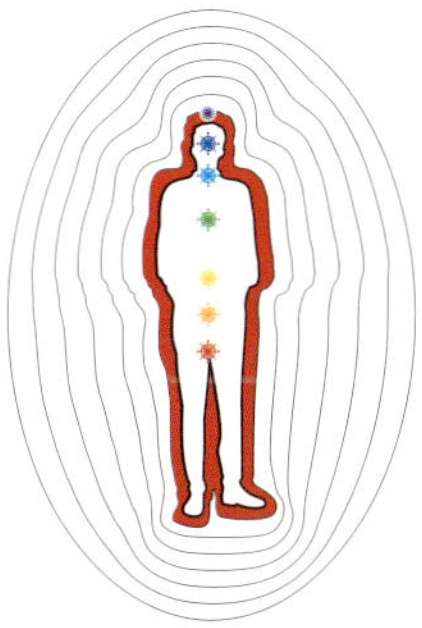

Thema

Selbstachtung

Pflanzenbeschreibung

Euphorbia canarienses ist auf allen kanarischen Inseln präsent. Das sukkulente, kaktusähnliche Wolfsmilchgewächs hat die Form eines Kandelabers. Es kann sich großflächig ausbreiten und bis zu drei Meter hoch werden. Anhand der Segmente, die sich Jahr für Jahr bilden, kann auf das Alter der Pflanze geschlossen werden. Die gelborangefarbenen Blüten wachsen an den Sprossspitzen und sind nicht sehr auffällig – die Fruchtstände hingegen umso mehr: Die dreigeteilten Kapseln faszinieren durch ihr glänzendes Purpurrot. Euphorbia canariensis steht unter Naturschutz, weiß sich aber auch gut selbst zu schützen: außen mit zahlreichen Stacheln und innen mit einem »Milchsaft«, der wie bei allen Wolfsmilchgewächsen sehr giftig ist.

Schwingung

Ich spüre eine kräftige, nach oben gerichtete Energie, die von unten im Wurzelchakra beginnend bis zum Halschakra nach oben fließt. Sie breitet sich in den von ihr aktivierten Chakren (vom ersten bis zum fünften) nach außen aus. Dabei wird besonders die erste Auraschicht gestärkt und die körperliche Selbstwahrnehmung aktiviert.

Wirkungsweise

Euphorbia aktiviert insbesondere das Wurzelchakra, wodurch die Verwurzelung mit der Erde unterstützt wird; es entsteht mehr Sicherheit und Selbstwahrnehmung auf der körperlichen Ebene. Durch die Aktivierung des Sexualchakras, welches wie eine Speichereinheit für Agressions- und Sexualkraft funktioniert, haben wir die Möglichkeit zur Tatkraft. Das Halschakra, in dem die Kräfte Eigenliebe, Selbstachtung und Selbstwert verankert sind, wird ebenso aktiviert; energetische Blockaden in diesem Bereich können sich lösen.

Menschen, die ihre »energetischen Stacheln« aufgestellt und sich von anderen auf allen Ebenen stark abgegrenzt haben, können ihr introvertiertes Verhalten, ihr Einzelgängertum, ihre »Fass-mich-nicht-an-Haltung« mit Hilfe dieser Essenz auflösen bzw. abschwächen. Häufig sind Demütigungen und sexueller oder emotionaler Missbrauch die Ursachen für Rückzugsverhalten.

Die Blüte kann sich auch bei Essstörungen wie Bulimie und Magersucht als sehr hilfreich erweisen. Außerdem kann sie im Umgang mit Aggressionen, Wut, Hass, Brutalität (bis hin zu sadomasochistischen Tendenzen) heilsame Unterstützung bieten. Obwohl es sich um so unterschiedliche Verhaltensweisen handelt, haben sie meist gleiche Ursachen. Je nach Temperament und Prägung richtet sich Aggression und Hass nach außen, gegen andere oder eben nach innen, gegen sich selbst – was Essstörung oder autoaggressives Verhalten zur Folge haben kann.

Menschen, die unter Autoaggressionen leiden, verspüren ein zwanghaftes Bedürfnis, sich selbst zu verletzen. Das Spektrum reicht von Nägelkauen und Haare ausreißen bis dahin, sich ernsthafte Wunden zuzufügen. Es scheint, als müssten diese Menschen sich mit ihrem eigenen Hass (Milchsaft) vergiften. Nicht gelebte oder nach innen gerichtete Aggression und Wut können sich auch in Hautproblemen ausdrücken. Unbewusst wird damit signalisiert: »Fass mich nicht an!« oder »Bleib mir vom Leib!«. Typisch sind insbesondere Hautprobleme im Gesicht und im Intimbereich, also in den Bereichen des Körpers, wo es um »Herein- und Herauslassen« geht – in diesem Fall von Emotionen.

Menschen, die keinen Zugang zu ihrer Selbstachtung haben oder sich ständig über äußere Werte definieren (Aussehen, Prestige, materielle Dinge, Bildungsniveau usw.), sollten es mit Euphorbia versuchen. Die Essenz kann ihnen helfen, ihre wahren Bedürfnisse zu erkennen. Wenn man sich unwert fühlt, drückt sich das oft auch in Zwangsgedanken aus wie: »Ich werde nie jemanden finden, der mich liebt«. Verinnerlichte Eltern- oder Lehrerstimmen hämmern einem ständig dieselben Sätze ein wie: »So wie du bist, wirst du immer alleine bleiben, es nie zu etwas bringen im Leben, in der Gosse landen usw.«. All diese internalisierten Glaubenssätze aktivieren sich über Schlüsselreize immer wieder von Neuem. Sie machen entweder traurig bis depressiv oder wütend bis hochaggressiv. Aufgrund von Scham oder Hilflosigkeit wird meist nicht über eigene Probleme gesprochen – ja man versteckt sie sogar vor sich selbst. Euphorbia kann hier helfen, sich mit dem Problem der mangelnden Selbstachtung auseinander zu setzen; die Essenz ermutigt auch, andere um Unterstützung zu bitten.

Meiner Erfahrung nach lösen sich kraft der Pflanzenessenz energetische Blockaden hervorragend und schnell. Doch dann geht die eigentliche Bewusstseinsarbeit erst los – beispielsweise im Rahmen einer Therapie oder in Gesprächen mit guten Freunden. Euphorbia kann Probleme nicht für uns lösen, aber ermöglicht es uns, Hilfe zuzulassen, um die eigene Selbstachtung wieder zu finden oder neu zu definieren.

Besonderheit

- Bietet hervorragende Unterstützung während einer Therapie, bei Aggressionen, Autoaggressionen und Essstörungen.

Essenz 11

Furacea gigantea

Furacea gigantea

Agave

Familie Agavaceae (Agavengewächse)
Herstellung Sonnenmethode

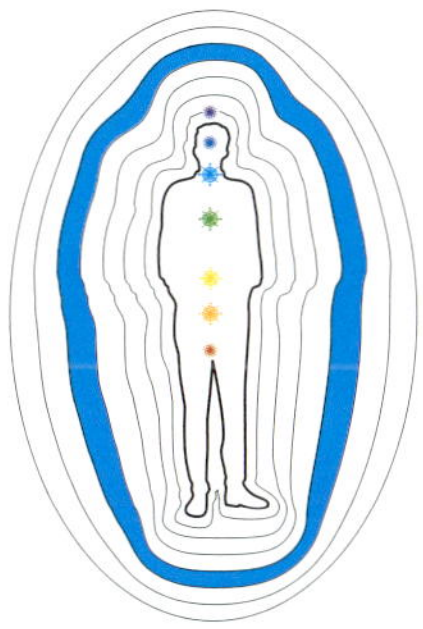

Thema

Fruchtbarkeit, Kraft

Pflanzenbeschreibung

Die Agave wächst sechs bis acht Jahre lang; während dieser Zeit blüht sie nicht und bildet auch keine Samen aus. Dann jedoch scheint ihre Kraft zu explodieren. Aus ihrem Zentrum wächst ein etwa sechs Meter hoher, kräftiger Stamm wie eine Lanze senkrecht nach oben. Erst ganz oben verzweigt er sich und bildet weiße Blüten, Blätter und schließlich Samenstände. Wenn die Samen reif sind, platzen die Samenkapseln mit einem lauten Knall auf. Dabei werden die Samen meterweit hinauskatapultiert. Einige Zeit später stirbt die Agave dann ab. Sie hinterlässt jedoch viele kleine Ableger, die direkt aus der Mutterpflanze wachsen und sich aus dieser ernähren.

Schwingung

Ich spüre eine nach oben gerichtete, ungleichmäßig pumpende Energie. Sie läuft spiralförmig kribbelnd vom Wurzelchakra aus ins Sexualchakra, um sich dann über den Chakrenkanal nach oben hin zu entladen.

Wirkungsweise

Furacea gigantea hilft uns, mit unserer Kraft zu haushalten. Sie aktiviert und öffnet das Sexualchakra und das Wurzelchakra und verbindet uns vom Wurzelchakra aus zur Erde hin. Sie zeigt, wie wir unsere Lebensenergie in unserem Sexualchakra über längere Zeit ansammeln können, um sie dann zum richtigen Zeitpunkt zielgerichtet und kraftvoll einzusetzen. Die Essenz bewirkt einen schnellen Kräftezuwachs, der jedoch nicht über längere Phasen anhält. Sie hilft uns, in energiefordernden Zeiten Höchstleistungen zu erbringen. Bei der Entladung werden alle Chakren von unten nach oben, entlang der Wirbelsäule aktiviert und miteinander verbunden. Gleichzeitig wird dabei unsere Verbindung nach unten zur Erde und nach oben zum Kosmos hin erneuert.

Furacea kann überall eingesetzt werden, wo es um die Themen Fruchtbarkeit, Kreativität und Schöpferkraft geht. Sie aktiviert Fruchtbarkeit auf allen Ebenen (sowohl auf körperlicher als auch auf mentaler und emotionaler Ebene) und inspiriert, diese kraftvoll zu leben. Menschen, die Illusionen, Tagträumen und unrealistischen Projektideen nachhängen, kann die Agave helfen, wieder Boden unter die Füße zu bekommen und die Realität nicht aus den Augen zu verlieren. Da besonders die fünfte Auraschicht aktiviert wird, verhilft sie uns zu Tatkraft.

Besonderheit

- In Kombination mit Pancratium canariensis ist Furacea eine bewährte Stütze bei Prüfungen: Pancratium hilft uns, unserem Können zu vertrauen und wirkt auf diese Weise gegen Prüfungsangst; Furacea sorgt dafür, dass wir in der Prüfungssituation selbst voll leistungsfähig und konzentriert sind.
- Zusammen mit Schinus molle stärkt Furacea unser Durchhaltevermögen und verhindert, dass wir kurz vor dem Ziel aufgeben.

Essenz 12

Hibiscus rosa-sinensis

Hibiscus rosa-sinensis

Hibiskus, Roseneibisch, Chinarose

Familie Malvaceae (Malvengewächse)
Herstellung Sonnenmethode

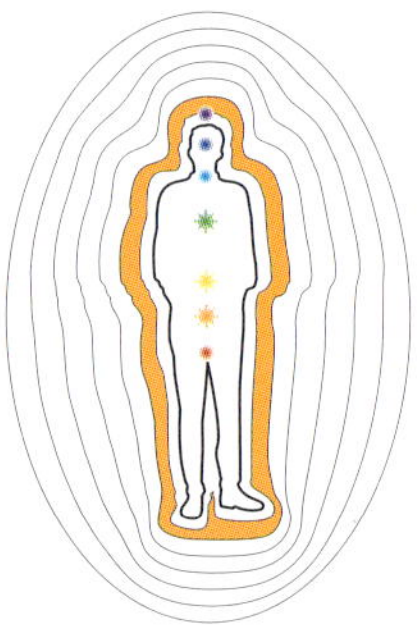

Thema

Sinnlichkeit

Pflanzenbeschreibung
Der ursprünglich aus China stammende Hibiskus wächst auf La Palma in großen Büschen und blüht das ganze Jahr über. Auch bei uns ist der Hibiskus als Kübelpflanze oder auch als Topfpflanze sehr beliebt. Schon als kleines Mädchen liebte ich Hibiskusblüten, und immer wenn ich welche sehe, denke ich an Hawaii und an dunkelhaarige, sinnliche Frauen mit bunten Blüten im schwarzen, langen Haar. Mit Hibiskusblüten verbinde ich pure Weiblichkeit, Erotik und Sinnlichkeit. Der rote, weit geöffnete Blütenkelch und der auffallend lange, weit aus der Mitte hervorragende Blütenstempel signalisieren: »Ich bin da. Ich bin Frau. Ich bin offen für Begegnung und ich zeige mich voll Freude in meiner Weiblichkeit.« Gleichzeitig deutet die trichterartige, nach innen stark konzentrisch verlaufende Form der Blüte auf eine selbstverständliche, innere Zentriertheit hin. Es ist, als ob die Blüte sagen wollte: »Ich bin offen und zeige mich und gleichzeitig bin ich ganz bei mir in meiner Mitte.«

Schwingung
Ich nehme überall in meinem Körper eine kreisförmige, rechtsdrehende Schwingung mit gleich bleibendem Rhythmus wahr, die mich stark aktiviert und belebt. Es fühlt sich für mich so lebendig, lustvoll und geerdet an wie karibische Tanzmusik und so sanft prickelnd, als würde ich in Champagner baden.

Wirkungsweise
Die Hibiskusessenz wirkt hauptsächlich auf das zweite Chakra und den zweiten Energiekörper. Sie hilft Frauen, ihre Weiblichkeit, ihre Sinnlichkeit und Erotik zu entdecken und lustvoll zu leben. Gerade dieser Teil des Frauseins kommt in unserer Kultur in der Regel zu kurz und wird schnell diskriminiert. Denn Frauen, die ihre Lust aus vollem Herzen leben, erzeugen bei vielen Menschen (nicht nur bei Männern) Angst! Sie werden deshalb schnell als Prostituierte, Nymphomanin oder Hydra abgestempelt.

Hibiskus unterstützt uns, wenn wir unseren Körper und unsere Sinne intensiver spüren wollen – nicht nur in der Sexualität, sondern auch bei allen sinnlichen Erfahrungen, ob beim Essen und Trinken oder bei einem Spaziergang in der freien Natur. Die bloße Einnahme der Blütenessenz verändert jedoch noch wenig. Es ist wichtig, sich auf das Neue einzustimmen und ihm einen festen Platz im Alltag zu geben. Öffnen Sie sich für alle Arten sinnlicher Genüsse und erlauben Sie sich aus vollem Herzen, damit zu experimentieren. Lassen Sie sich inspirieren von aphrodisierenden Düften, sinnlicher Musik sowie von schönen Dingen: von lebendigen Farben, fließenden Stoffen, erotischer Unterwäsche, weicher Seidenbettwäsche und vielem mehr. Ihrer Fantasie sind keine Grenzen gesetzt. Die Hibiskusblütenessenz wird Sie kraftvoll unterstützen: einerseits, indem sie die Sinne wohltuend stimuliert; andererseits, indem sie Muster und Glaubenssätze transparent werden lässt, die uns daran hindern, aus vollem Herzen unsere weiblichen Anteile zu leben.

Männer, die Angst vor weiblicher Energie und Sinnlichkeit haben oder sich Weiblichem gegenüber eher ablehnend zeigen, können von der Essenz ebenfalls profitieren. Sie hilft ihnen, ihre innere Frau, ihre Anima, zu entdecken und zu integrieren.

Spirituelle Weiterentwicklung setzt voraus, dass alle Chakren und Energiekörper sich etwa in gleichem Maße entfalten konnten. Ist beispielsweise das zweite Chakra, das für Sexualität und Lebensenergie steht, im Vergleich zu den übrigen Chakren unterentwickelt und blockiert, wird letztlich auch die spirituelle Entwicklung stagnieren. Wir stehen also vor der Herausforderung, Sexualität und Aggression mit Spiritualität zu verbinden. Dabei hilft uns die Hibiskusblüte.

Besonderheit

- Hibiskus kombiniert mit Tithonia und Podranea hat sich als der reinste »Flirt-Cocktail« auf Festen und Partys bewährt.
- Wenn Sie in der Öffentlichkeit stehen und eine Rede halten oder ein Seminar anbieten, wird Sie eine Mischung aus Eschscholzia und Hibiskus wirkungsvoll unterstützen.
- Wollen Sie Ihre Erotik fördern, experimentieren Sie mit Bananenblüten- und Hibiskusessenzen: Sie können beide Essenzen ins Badewasser geben oder auch in ein sinnlich duftendes Massageöl.
- Begeistert hat mich auch mein erotisches Raumspray: Mit ein paar Tropfen Hibiskusessenz und einer Mischung aus Rosenblütenwasser, Rosenöl und Alkohol können Sie Ihr Schlafzimmer mit erotischer Energie aufladen.

Wie stark Hibiskus ein Leben verändern kann, zeigt die folgende Geschichte einer meiner Patientinnen:
Sie war damals etwa sechzig Jahre alt, Witwe, intelligent, mit viel Power und mit beiden Beinen mitten im Leben stehend. Mit ihren kurzen, grauen Haaren wirkte sie nicht besonders weiblich. Seit Jahren wünschte sie sich eine Beziehung, und fast hatte sie sich schon damit abgefunden, für Männer immer nur der gute Kumpel oder die verständnisvolle Therapeutin zu sein. Gemeinsam fanden wir heraus, dass es für sie an der Zeit war, ihre Weiblichkeit mehr zu leben. Um diesen Prozess zu unterstützen, gab ich ihr die Hibiskusblütenessenz und schlug ihr vor, über alle Veränderungen Tagebuch zu führen.

Beim nächsten Termin, eine Woche später, stand sie nicht mehr in Hose und Blazer, sondern in einem farbenfrohen, sehr weiblichen Kleid vor mir und erzählte mir strahlend, was ihr alles passiert war. Zuerst hatte ihr ein sympathischer, junger Mann in der überfüllten S-Bahn seinen Platz angeboten und spontan hatte sich ein anregendes Gespräch entwickelt. Als sie an einem ande-

ren Tag schwere Einkaufstaschen schleppte, bot ihr ein Mann seine Hilfe an. Völlig überrascht, aber gerne hatte sie das Angebot angenommen. Last but not least: Ihr Freundinnen staunten, dass sie plötzlich viel jünger aussähe. Entscheidend für diese Veränderungen war, dass sie durch die Hibiskusessenz ihre weibliche Energie deutlicher in sich spüren konnte und Lust darauf bekommen hatte, sie auch zu leben. Ihre alten Ängste, nämlich Weiblichkeit gleichzusetzen mit »sich klein und abhängig machen«, hatten sich aufgelöst.

Nach einigen Monaten traf ich sie wieder, und mit leuchtenden Augen zeigte sie mir Fotos von ihrem neuen Freund (einen um fünfzehn Jahre jüngeren, attraktiven Mann), den sie bei ihrer Kur kennen gelernt hatte. Als ich sie das letzte Mal sah, fuhr sie im Sportwagen vor und trug ein helles Leinenkostüm mit kniekurzem Rock, roten, hochhackigen Pumps und roter Tasche. »Wow«, staunte ich, »die roten Schuhe sind ja super!« Sie strahlte mich an und meinte schelmisch: »Ja, schwarze trage ich, wenn ich alt bin.« Damals war sie bereits drei Jahre mit ihrem Freund zusammen, und es war nicht zu übersehen, dass sie die sehr erotische Beziehung unglaublich genoss. Wichtig für sie war, dass beide ihre materielle Unabhängigkeit und ihre eigene Wohnung behalten hatten, was ihr half, ganz bei sich zu bleiben. Aus dieser Position heraus konnte sie sich ganz ohne Zwänge öffnen, so dass entstehen konnte, was wirklich entstehen wollte.

Essenz 13

Jacaranda mimosifolia

Jacaranda mimosifolia

Trompetenbaum,
Palisanderbaum

Familie Bignoniaceae (Bignoniengewächse)
Herstellung Sonnenmethode

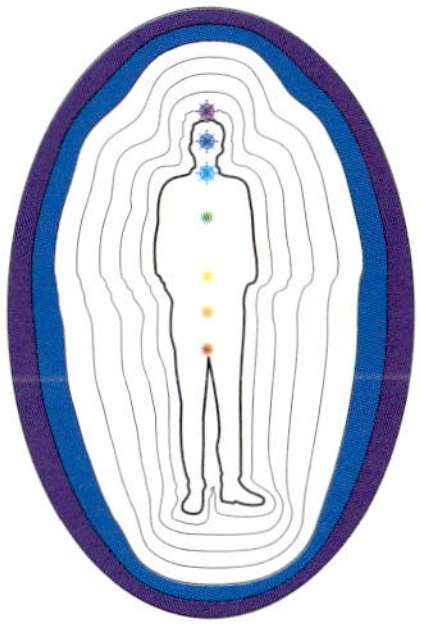

Thema

Mentales Loslassen, geistige Klarheit

Pflanzenbeschreibung
Der bis zu fünfzehn Meter hoch wachsende, lichte Trompetenbaum sieht das ganze Jahr über eher unscheinbar aus. Im Frühjahr jedoch zieht er uns mit seinen kräftig lilafarbenen Blütendolden ganz in seinen Bann. Die einzelnen Blütendolden bestehen jeweils aus einer überquellenden Fülle von zarten Blütenblättchen und sehen aus wie eine Versammlung von lila Schmetterlingen.

Der sanfte, leicht süßliche Duft der Blüten lädt uns ein, einen Moment lang in unserem Alltag inne zu halten und das Blütenereignis zu bewundern.

Zur Herstellung der Essenz
Kurz nach meinem Umzug von Deutschland nach La Palma begann ich, das Projekt Blütenessenzen systematisch in Angriff zu nehmen. Ich listete alle Blüten auf, von denen ich eine Essenz herstellen wollte, und war stetig auf Achse, um keinesfalls eine neu erblühte Pflanze zu übersehen. Dabei setzte ich mich zunehmend unter Druck, bis meine Leichtigkeit, Freude und Kreativität darunter zu leiden begannen. Genau in dieser Situation nahm die Jacaranda mit Hilfe der Devas Kontakt zu mir auf. Ihre Botschaft an mich war: »Lass los und verliere dich nicht im Planen! Sei bewusst im Hier und Jetzt und lasse deine innere Führung zu!« Das ist keine leichte Lektion für eine erfolgsorientierte Deutsche, die gelernt hat, ziel- und leistungsorientiert an Dinge heranzugehen und Druck und Stress als notwendige Hebel zum Erfolg zu betrachten. Wenn heute wieder einmal mein Kopf und mein Wille allein die Führung übernehmen und etwas erzwingen wollen, hilft Jacaranda mir, die nötige innere Distanz herzustellen und zum Sein zurückzufinden.

Schwingung
Ich nehme eine lebhaft kribbelnde, fast stechende Energie wahr – besonders in den Hand- und Fußchakren, im Dritten Auge und im zweiten Chakra hinten.

Wirkungsweise
Die Jacaranda aktiviert alle Energiezentren im Kopfbereich, so lange, bis sie sich öffnen und harmonisieren. Wenn die Gedanken unaufhörlich um ein bestimmtes Thema kreisen und Kopfzerbrechen verursachen, hilft die Blütenessenz, mit überraschender Leichtigkeit loszulassen und wieder klar zu denken. Sie kann uns auch dabei ermutigen, überholte Traditionen oder eingefahrene Muster und Gewohnheiten aufzugeben.

Sehr hilfreich ist Jacaranda, wenn bei Veränderungen von Lebenssituationen zu viel gegrübelt wird: zum Beispiel bei einem Umzug oder einem Berufswechsel.

Viele meiner Freunde und Patienten machten in Situationen, in denen sie sehr gestresst waren und unter Druck standen, positive Erfahrungen mit Jacaranda. Dank der Essenz wurden sie schnell wieder gelassener. Sogar die körperlichen Stresssymptome wie Spannungskopfschmerz oder Wirbelsäulenprobleme verschwanden.

Der Prozess, den Jacaranda unterstützt, lässt sich mit dem Ausschlüpfen eines Schmetterlings aus seiner Puppe vergleichen. Nachdem der Schmetterling die Zeit der Dunkel-

heit, der Enge und des Drucks in seiner Puppe überstanden hat, schlüpft er aus und erblickt nun plötzlich die Sonne und das Licht. Jetzt entdeckt er auf einen Schlag die Weite, die Leichtigkeit, das Fliegen und unendlich viele neue Möglichkeiten. Jacaranda mimosifolia hilft uns dabei, nicht unnötig lange im Zustand der Verpuppung auszuharren, sondern vorwärts zu gehen und loszulassen. Dann stellt sich von ganz allein wieder geistige Klarheit und Offenheit ein.

Besonderheit

• Jacaranda eignet sich hervorragend zur Meditation. Indem sie die sechste und siebte Auraschicht stärkt, klärt sie auf sanfte Weise unsere Gedanken und öffnet uns für höhere Einsichten.

• Wenn ich Seminare und Workshops leite, beobachte ich häufig, dass viele Menschen ihr mentales Chaos kaum loslassen und sich nur schwer konzentrieren können. Hier hilft die Jacarandaessenz weiter. Plötzlich fällt es meinen Teilnehmern und Teilnehmerinnen viel leichter, sich auf Meditationen oder Übungen zum Aura- und Chakrenfühlen einzulassen. Jacaranda gehört für mich deshalb unbedingt in meinen Seminar-koffer.

Essenz 14

Miltonia

Miltonia

Veilchenorchidee
aus Kolumbien

Familie Orchideaceae (Cambria Hybriden)
Herstellung Sonnenmethode

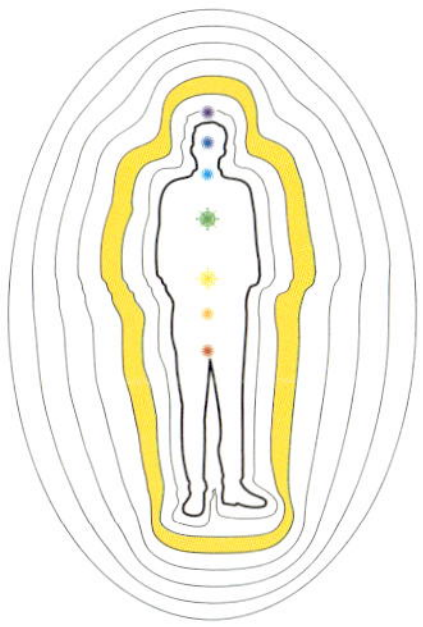

Thema

Geborgensein

Pflanzenbeschreibung
Die aus Kolumbien stammende Veilchenorchidee wächst auf La Palma nur an geschützten Plätzen, meist in privaten Gärten. Auffallend sind die etwa sechs Zentimeter großen, wundervollen Blüten der Miltonia mit ihren fünf samtigen Blütenblättern in dunklem Pink. Mit etwas Fantasie kann man in der gelbweißen Musterung im Inneren der Blüte eine kleine Prinzessin mit einer Krone auf dem Kopf entdecken. Geborgen und geschützt sitzt sie in ihrem pinkfarbenen Samtmantel mitten in der Blüte.

Schwingung
Ich sehe die Energie als hellblaue, drehende Kreisel. Sie fühlt sich liebevoll und weich, warm und samtig an und wirkt besonders auf das Herzchakra und den Solarplexus. Jeglicher Stress und alle Anspannung dort wird sanft aufgelöst.

Wirkungsweise
Miltonia begrüßt uns mit der Energie: »Schön, dass du da bist!« und »Schön, dass es dich gibt!«

Sie lässt uns spüren, dass wir nichts leisten müssen, um geliebt zu werden. Wir dürfen einfach da sein, und es ist gut so. Fast allen in unserer westlichen Leistungsgesellschaft fehlt dieses Gefühl, geliebt zu werden, einfach weil man da ist. Liebe ist demnach meistens an Bedingungen geknüpft und muss hart verdient werden: Erst wenn wir gute Noten schreiben, viel Geld verdienen, einen tollen Beruf haben, attraktiv und erfolgreich sind oder uns für andere aufopfern, sind wir es wert, geliebt zu werden – so unsere Erfahrung. Miltonia erinnert uns jedoch daran, dass die Liebe immer schon da ist und wir nichts dafür tun müssen. Ihre warme, samtige Energie hüllt uns liebevoll ein, und wir fühlen uns sanft gestreichelt und genährt.

Meistens haben die Gefühle mangelnder Liebe und Geborgenheit ihren Ursprung in unserer Kindheit: Vielleicht waren wir nicht erwünscht oder sollten ein anderes Geschlecht haben, vielleicht fühlten wir uns sehr verlassen, weil niemand richtig Zeit für uns hatte. Tief verletzt haben wir damals unser Herz verschlossen. Entweder versuchten wir, ein liebes, braves Kind zu sein – hilfsbereit und mitfühlend – in der Hoffnung, auf diese Weise doch noch die Anerkennung und Liebe zu erhalten, nach der wir uns sehnten; oder wir wurden »ungezogen«, trotzten und revoltierten gegen unsere Eltern und waren ständig am Kämpfen, um Aufmerksamkeit zu erlangen (wenn auch in Form negativer Zuwendung). Jetzt sind wir keine Kinder mehr, doch unsere alten, emotionalen Muster und Programme, wie wir »Liebe« und Anteilnahme bekommen, sind geblieben.

Mit Miltonia können wir den Schmerz, der sich hinter diesen Verhaltensstrategien verbirgt, heilen und damit auch unsere emotionalen Muster klären.

Dank Miltonia können wir Stress und Anspannung leichter loslassen. Sie führt uns in ein Gefühl völliger Entspannung. Menschen, die sich in ihrem Körper nicht wohl fühlen und sich ständig zu dick, zu dünn, zu unsportlich oder zu wenig attraktiv fühlen, kann Miltonia helfen, sich selbst liebevoll anzunehmen. Miltonia lässt uns spüren, dass es nicht darum geht, bestimmten, von außen gesetzten Maßstäben zu entsprechen, wie wir zu sein und was wir zu tun haben. Mit ihr können wir in Kontakt mit uns selbst sein und liebevoll in uns ruhen. Miltonia aktiviert in uns das Grundgefühl des Geborgenseins. Aus diesem Geborgenheitszustand heraus können wir unsere Gefühle wieder angstfrei zulassen. Miltonia ermöglicht uns, unsere Liebe wieder offen und bedingungslos strömen zu lassen – zu uns selbst, zu anderen Menschen, zu Tieren und zur ganzen Natur.

Besonderheit

- Besonders gut wirkt die Miltoniaessenz, wenn sie in den Solarplexus und ins Herzchakra einmassiert wird.
- Für Kinder, die adoptiert wurden oder in Pflegefamilien aufgewachsen sind, kann die Essenz sehr heilsam sein.
- In der Kombination mit Podranea kann Miltonia die Aufarbeitung von Gewalt- und Angsterfahrungen unterstützen; insbesondere auch in der Therapie.

Essenz 15

Musa acuminata

Musa acuminata

Zwergbanane

Familie Musaceae (Bananengewächse)
Herstellung Sonnenmethode

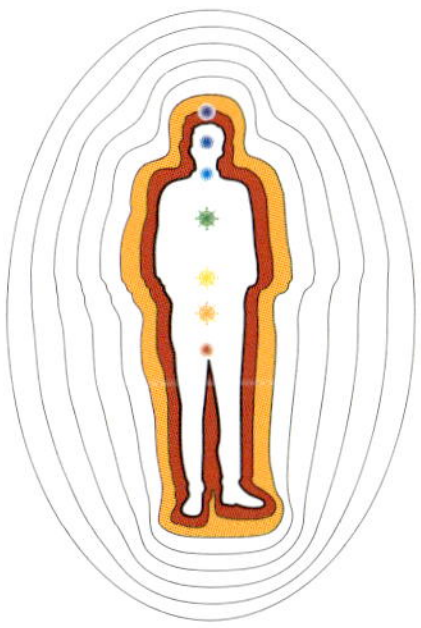

Thema

Liebevolles Annehmen des eigenen Körpers

Musa acuminata

Pflanzenbeschreibung

Die Banane ist eine der wichtigsten Kulturpflanzen auf La Palma und gleichzeitig einer der Hauptexportartikel der Insel. Bei der Musa acuminata handelt es sich um eine Zwergbanane, die zwei bis drei Meter groß wird. Obwohl Bananen auf La Palma allgegenwärtig sind, wissen auch hier nur die wenigsten Menschen, wie faszinierend und sinnlich eine Bananenblüte aussieht, riecht und sich anfühlt. Eine Bananenstaude benötigt ein Jahr, bis sie ausgewachsen ist. Dann entwikkelt sie aus ihrer Mitte heraus einen kräftigen Stiel mit einer riesigen, etwa dreißig Zentimeter großen, kompakten, schweren Blütenknospe, die wie ein überdimensionaler, dunkelrot bis auberginefarbener Tropfen in weitem Bogen nach unten hängt. Über einige Monate hinweg hebt sich dann langsam ein großes, männliches Blütenblatt nach dem anderen. Als ob sich jedesmal ein Schatzkästchen öffnen würde und den Blick auf wertvolle Juwelen frei gäbe, kommen unter jedem männlichen Blütenblatt jeweils zwei Reihen zartgelber, weiblicher Blüten zum Vorschein. Mit etwas Fantasie kann man in jeder der weiblichen Blüten eine kleine Vagina erkennen, in der ein Penis steckt. Aus den weiblichen Blüten entwickeln sich später die einzelnen Bananen. Mit jedem männlichen Blütenblatt, das sich öffnet, wird der Fruchtstand länger, da immer mehr weibliche Blüten ans Licht kommen. Eine Bananenstaude trägt nur einmal Früchte. Danach stirbt sie ab; jedoch nicht ohne zuvor einen Sprössling ausgebildet zu haben.

Zur Herstellung der Blütenessenz verwendete ich eine noch völlig geschlossene Blütenknospe von einer Biofinca. Während die große, schwere Blüte im Wasser lag, öffnete sie einige ihrer dunkelroten, männlichen Blütenblätter und zog mich mit ihrem betörenden Duft ganz in ihren Bann. Es war ein intensiver, aphrodisierender Geruch, süßlich und moschusartig, schwer und leicht zugleich: ein

Duft wie nach gutem Sex. Man konnte kaum genug davon kriegen.

Schwingung
Ich nehme einen bläulichen, drehenden Energiestrom wahr, der spiralförmig nach oben zum Dritten Auge geht und sich dann kraftvoll in die unteren Chakren ausbreitet.

Wirkungsweise
Die Bananenblüte aktiviert besonders das Sexualchakra, den Solarplexus und das Herzchakra. Über diese Chakren strömt die Energie der Essenz dann in den ersten und zweiten Energiekörper. Über diese beiden Energiekörper können auch die Nervenbahnen und das Hormonsystem stimuliert werden, so dass es zu Hormonausschüttungen kommen kann. Sowohl beim Mann als auch bei der Frau wird dadurch die Fruchtbarkeit gestärkt. Die Essenz unterstützt uns, in unserem Körper präsent zu sein und unsere Sinnlichkeit und Erotik zuzulassen und anzunehmen. Mit Hilfe der Bananenblüte fällt es leichter, seinen inneren Energiefluss zu spüren und sich ihm in jedem Augenblick vertrauensvoll hinzugeben. Durch das Vertrauen in die eigene Sinnlichkeit und den eigenen Körper stärkt die Essenz letztlich auch das Selbstvertrauen. Insgesamt wirkt die Bananenblüte aktivierend und ausgleichend.

Besonderheit
- Die Bananenblüte ist ein sehr gutes Aphrodisiakum – das »Blütenviagra« schlechthin. Probieren Sie es aus und geben Sie ein paar Tropfen davon in Ihr sinnlich duftendes Massageöl.

Was uns die Chiquita-Banane über unser Sexualverhalten zeigt
Auf den Kanaren werden seit Mitte des 19. Jahrhunderts Bananen angebaut – bislang hauptsächlich die Zwergbanane aus Indochina. Inzwischen steigen jedoch immer mehr Plantagenbesitzer aus agrarpolitischen Gründen auf die großen afrikanischen und amerikanischen Arten um. Gegenüber der Zwergbanane sind diese Chiquita-Bananen jedoch wesentlich empfindlicher und für die Kanaren eigentlich nicht geeignet. Sie brauchen viel mehr Wasser und müssen gegen Wind und Kälte mit aufwändigen und zudem unansehnlichen Plastikplanen geschützt werden. Außerdem sind sie anfälliger gegen Schädlinge und benötigen daher auch mehr Pestizide. Der Boden ist nach zehn Jahren so kaputt, dass er bis zu einem Meter abgetragen werden muss. Das alles nur, um große, genormte Bananen zu produzieren, die weniger Inhaltsstoffe und Lichtenergie als die Zwergbanane enthalten und ihr zudem im Geschmack bei weitem unterlegen sind.

Die Umstellung auf die Chiquita-Bananen ist symptomatisch für die westliche Leistungsorientierung, für das auf Äußerlichkeiten fixierte »immer mehr, immer größer, immer schneller ...«, das letztlich zu Lasten der Qualität geht. Die Parallele zur Sexualität, dem Thema der Bananenblüte, liegt nahe. Auch hier orientieren wir uns oft an Äußerlichkeiten und an Leistung. Wir strampeln uns ab, um einen Orgasmus zu erreichen, bleiben aber innerlich unerfüllt und einsam, weil wir ahnen, dass unsere Sexualität zu gegenseitiger Selbstbefriedigung verkommen ist. Uns fehlt das Vertrauen in uns selbst, in die Weis-

heit unseres Körpers. Stattdessen haben wir Angst, nicht zu genügen, Angst, Langweiler oder Versager zu sein, wenn wir nicht den Maßstäben, die uns von den Medien vorgegaukelt werden und die wir zu unseren eigenen gemacht haben, entsprechen. So lassen immer mehr Frauen ihren Busen auf die passende Größe bringen, und auch Männer suchen zunehmend Hilfe bei der plastischen Chirurgie, weil sie glauben, dass Lust von Äußerlichkeiten abhängt. Doch weder ein formvollendeter Silikonbusen noch raffinierte Techniken, mit denen wir uns gegenseitig perfekt stimulieren können, bringen uns die Erfüllung, nach der wir uns tief im Herzen sehnen. Die Bananenessenz hilft uns, Leistungs- und Zielorientierung loszulassen. Sie unterstützt uns darin, jeden Augenblick aufs Neue offen und präsent zu sein und unsere Sexualität als Geschenk zu genießen.

Essenz 16

Myrtus communis

Myrtus communis

Brautmyrte, Echte Myrte

Familie Myrtaceae (Myrtengewächse)
Herstellung Sonnenmethode

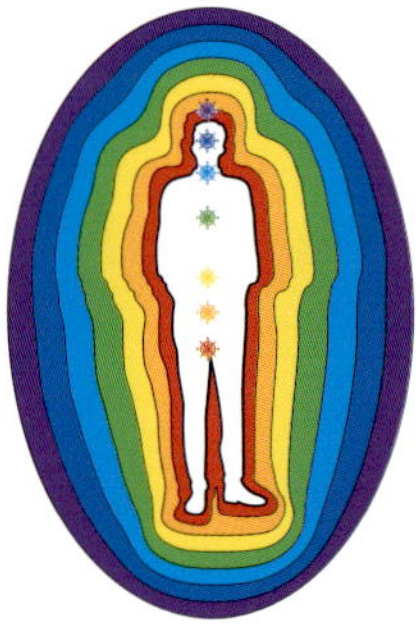

Thema

Klarheit, Reinheit

Pflanzenbeschreibung
Völlig eingewachsen, nahe einem großen alten Mandelbaum entdeckten wir bei unserer ersten Gartenrodung einen stark verzweigten Strauch mit immergrünen Blättern. Als wir versuchten, ihn an einen anderen, aus unserer Sicht besseren Platz umzusetzen, »weigerte« er sich: Zuerst brachen ein paar Äste ab, und ein herrlicher, intensiver Geruch breitete sich aus, so dass wir innehielten und erst einmal schnupperten und staunten. Als wir dann weitergruben, sahen wir, dass das Wurzelwerk des Strauches völlig mit dem alten Mandelbaum verwachsen war. Uns blieb nichts anderes übrig, als ihn an Ort und Stelle zu lassen. Ich wunderte mich, wie klar und vehement dieser Strauch auf seinem bisherigen Standort beharrte. Regelmäßig gegossen, begann er bald weiße, etwa drei Zentimeter große Blüten zu treiben, die sich später in eine blauschwarze Beere verwandelten. Eigenartig ist, dass die Blüten kaum duften, die abgebrochenen Blätter dagegen sehr stark. Ich begann mich immer mehr dafür zu interessieren, was da in meinem Garten wächst. Bald fand ich heraus, dass mein Strauch eine Brautmyrte oder Echte Myrte ist.

Sie gehört zu den Arzneipflanzen, denn die Myrtenblätter enthalten ein ätherisches Öl: Oleum Myrti. Es enthält Terpene, Cineol, Myrtenol, Flavanoide und Gerbstoffe. In der Volksmedizin wurde es besonders zur Behandlung von Bronchitis und chronischen Lungenerkrankungen eingesetzt und für Aufgüsse und Bäder verwendet. Mit Alkohol angesetzt, wird Myrte als Likör getrunken. In der Homöopathie gilt Myrtus communis als gutes Mittel gegen Husten, Bronchitis, Blasenentzündung und Schleimhautreizungen aller Art; zudem ist es auch ein Nervenmittel.

Ich war gespannt auf die Essenz und wartete einen optimalen Herstellungszeitpunkt ab. Als es endlich so weit war, sammelte ich mehrere der feinen, weißen Blüten mit ihren auffällig langen, neugierigen Staubgefäßen, lud wie immer die Devas ein und machte mich an die wundervolle Arbeit.

Schwingung
Mit feiner Vibration, als läge man auf einer elektronischen Massageliege, strömt die Essenz nach innen, um sich dann wolkenartig nach außen in alle feinstofflichen Körper auszubreiten. Wenn alles durchdrungen und durchvibriert ist, wird die Energie feiner,und es fühlt sich an, als schwebe man inmitten einer warmen Wolke.

Wirkungsweise
Myrtus communis wirkt für mich wie eine »Wachrüttel-Essenz«. Es ist, als wollte sie sagen: »Wach auf! Werde aktiv! Es gibt viel zu tun, denn du bist innerlich unklar! Löse dich von allem Ballast auf allen Ebenen! Bring

Ordnung in alle deine Angelegenheiten: in deine Gefühle, Vorstellungen, Muster und Werte! Schaffe so
lange Klarheit, bis du zu dei-ner inneren und äußeren Reinheit kommst!«

Die Myrtusessenz kann uns helfen zu erkennen, wo wir uns selbst blockieren, wo wir falsche Kompromisse eingehen und uns selbst belügen oder wo sich ungute Gewohnheiten eingeschlichen haben. Die Essenz wirkt hier wie ein Vergrößerungsglas. Wir sehen alles so überdeutlich, dass wir nicht mehr ignorant sein können. Wir erkennen plötzlich, wie fadenscheinig unsere Ausreden sind. Unsere Seele weiß, warum wir gerade jetzt Mensch sind, welche Ziele wir uns auf der Erde vorgenommen haben und was wir lernen wollen. Leider können wir uns selbst oft nicht oder nur vage erinnern. Myrtus unterstützt uns bei der Bewusstwerdung unseres Seelenauftrags. Sie hilft uns hinzuschauen, Klarheit zu gewinnen und zu beginnen.

Durch Klarheit und Reinheit im Denken, Fühlen, Handeln und Sein können wir authentisch werden, das heißt, wieder mit unserer Seele in Einklang schwingen. Voraussetzung hierfür ist eine gute Kenntnis seiner Selbst. Dies beinhaltet das Wissen um die eigenen Fehler und Schwächen, aber auch die Wahrnehmung aller Stärken und Fertigkeiten. Benutzen Sie Myrtus communis, wenn Sie sich auf den Weg der Selbsterkenntnis machen, und es wird Ihnen leichter fallen, Wichtiges von Unwichtigem zu unterscheiden und sich von Überholtem zu trennen. Viel Freude bei Ihrer inneren Inventur!

Besonderheit

- Die Myrtusessenz ist eine gute Hilfe beim Lernen sowie bei allen geistigen und mentalen Prozessen. Sie wirkt auch bei Konzentrationsschwächen und Entscheidungsschwierigkeiten.
- Menschen, die den ganzen Tag über mit vielen andern Menschen in Kontakt sind (zum Beispiel in Großraumbüros, in Schulen und Kindergärten oder in Arztpraxen) berichten, dass sie mit Hilfe der Essenz leichter bei sich selbst bleiben können.

Nach altem Volksbrauch wurde die Brautmyrte als Symbol für Reinheit über dem Brautschleier getragen. Die alten Römer, Griechen und Ägypter verwendeten die Myrtenblätter bei religiösen Festen – meist zum Räuchern.

Essenz 17

Pancratium canariensis

Pancratium canariensis

Pankrazlilie,
Kanaren-Trichternarzisse

Familie Amaryllidaceae (Amaryllisgewächse)
Herstellung Sonnenmethode

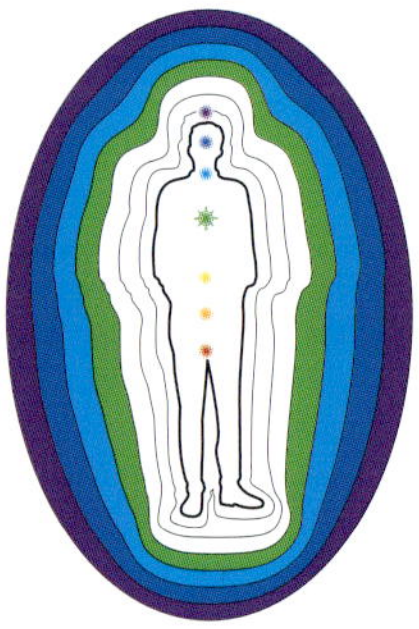

Thema

Vertrauen

Pflanzenbeschreibung

Die Pankrazlilie aus der Familie der Amaryllisgewächse blüht auf La Palma meist in der Weihnachtszeit. Sie wächst am liebsten an feuchtschattigen Plätzen, im Sukkulentenbusch und vereinzelt sogar im Kiefernwald. Die blaugrüne Zwiebelpflanze hat fleischige, schmale Blätter, die bis zu fünfzig Zentimeter lang werden. Ihre zarten, weißen Blüten sehen mit ihren sechs abstehenden Zipfeln aus wie kleine Sterne. Sie können bis zu zehn Zentimeter groß werden. Ihre sechs Staubbecher sind in der zwölfzähnigen Nebenkrone fast völlig eingeschlossen. Die Pankrazlilie ist auf den Kanaren endemisch. Von den Botanikern wird sie verdächtigt, ein »angepasster Gartenflüchtling« zu sein.

Die Blüte der Pankrazlilie ist für mich von besonderer Bedeutung. Als mir die Devas in meiner Vision den Auftrag gaben, dieses Buch zu schreiben, zeigten sie mir das Cover: Ich sah eine wunderschöne zarte und gleichzeitig kraftvolle, weiße Blüte und darüber den Titel: Kanarische Blütenessenzen der Liebe – Eva Katharina Hoffmann. Es ist das Buch, das Sie jetzt in Ihren Händen halten. Ich suchte die ungewöhnliche Blüte fast drei Jahre lang und erkundigte mich bei allen möglichen Leute nach der Blüte, die wie ein weißer Stern aussah. Doch keiner konnte mir weiterhelfen: weder Einheimische noch befreundete Botaniker oder Landschafts- und Gartenbauer, weder Gärtnermeister noch der Inhaber einer anthroposophischen Landschafts- und Nutzgärtnerei. Dann plötzlich blühte der »Weiße Stern« (so meine Bezeichnung) in meinem Garten – gleich an mehreren Stellen. Ich traute meinen Augen kaum und freute mich unbändig. Endlich war sie da! Über mentalen Kontakt sagte mir die Blüte: »Ich komme erst jetzt, wo du mich brauchst. Ich bringe dir das Geschenk des Vertrauens mit.«

Schwingung

Ich fühle eine starke, aber weiche Energie, die von oben über alle Energiekörper und über das Kronenchakra hereinströmt. Sanft pulsierend breitet sie sich aus und aktiviert vor allem den vierten Energiekörper und das Herzchakra.

Wirkungsweise

Im spanischen Volksmund wird die Pancratium »Tränen der Jungfrau Maria« genannt. Das gibt uns schon einen Hinweis auf ihre Wirkungsweise: Wann immer wir Trost brauchen, zum Beispiel nach Schicksalsschlägen oder wenn wir uns tief verletzt und mutterseelenallein fühlen, will uns diese weiße Sternenblüte helfen. Bei meiner Heilarbeit

mit Pancratium canariensis beobachtete ich, dass Menschen mit Partnerschaftskonflikten, Trennungsschmerz oder anderen schmerzhaften Erfahrungen effektiver umgehen konnten und den Kummer schneller verarbeiten konnten. In fast allen Situationen fühlten sich die Menschen sehr alleine und hatten das Vertrauen verloren – in sich selbst, zu anderen Menschen, zum Schicksal und zum Leben. Der tiefe Schmerz des Alleinseins kann mit Pancratium in All-Eins-Sein umgewandelt werden. Pancratium hilft, zuzulassen und zu vertrauen, bis wir neuen Mut schöpfen und das Leben wieder ergreifen können.

Wenn sich Menschen nach einer tiefen Enttäuschung von allen zurückgezogen und ihr Herz verschlossen haben, kann ihnen Pancratium helfen, Vertrauen zu fassen und die Türen ihres Herzens wieder zu öffnen. Nehmen Sie sich doch einen Augenblick Zeit, betrachten Sie den »weisen weißen Stern« und spüren Sie, wie Sie in sich selbst, die Schöpfung und das Leben vertrauen können.

Besonderheit

- Kinder oder Erwachsene, die schlecht schlafen können oder Albträume haben, können ein bis zwei Tropfen Pancratium abends sanft in ihr Herzchakra einmassieren.
- Bei Prüfungsangst oder Vorstellungsgesprächen wurden mir ebenfalls positive Erfahrungen mit Pancratium berichtet.
- Auch in allen neuen, unbekannten Situationen, in denen eine Extraportion Vertrauen nötig ist, hilft Pancratium; zum Beispiel bei einem Schulwechsel, Umzug oder Arbeitswechsel. Überall also, wo man sich zunächst fremd und unsicher fühlt und (noch) nicht darauf vertrauen kann, dass alles gut wird.
- Bei Babys genügt es, einen Tropfen der Essenz in die Aura oder aufs Herzchakra zu geben.
- Pancratium empfiehlt sich bei Tieren: bei Ortswechsel oder wenn Tierbabys von der Mutter getrennt werden.

Essenz 18

Passiflora edulis

Passiflora edulis

Maracuja, Passionsblume

Familie Passifloraceae
Herstellung Sonnenmethode

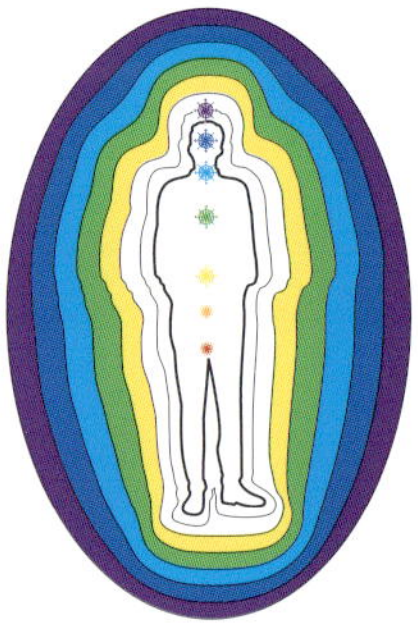

Thema

Innenschau

Pflanzenbeschreibung
Die Passionsblume ist eine Kletterpflanze, die bevorzugt an Hecken oder Gartenzäunen rankt und mit Kletterhilfe auch am Haus und im Garten wächst. An ihren grünen Ranken bildet sie spiralförmig wachsende »Ärmchen« aus, mit denen sie sich überall festhalten kann. Ihre kunstvollen Blüten erreichen einen Durchmesser von etwa sechs bis acht Zentimeter und sehen aus wie kleine Chakrenräder. Es gibt viele unterschiedliche Züchtungen – darunter auch einige, die keine essbaren Früchte hervorbringen und nur wegen ihrer schönen Blüten geschätzt werden.

Die Früchte der Passiflora, die Maracujas, werden ungefähr fünf Zentimeter groß und schmecken sehr saftig. Allerdings enthalten sie viele Kerne, die fest mit dem Fruchtfleisch verwachsen sind. Selbst mit dem Messer lassen sie sich nicht herauslösen. »Alles oder nichts«, heißt daher die Devise, wenn man eine Frucht essen will: Entweder isst man sie mitsamt den Kernen oder man lässt es bleiben.

Das »Wesen« der Passiflora offenbarte sich mir während der Herstellung. Die Kletterpflanze, der ich die Blüten entnahm, hatte üppige Ranken und herrliche Blätter. Sie war voll mit frischen Trieben, wunderschönen großen Blüten und köstlichen Früchten. Die Pflanze wucherte so, dass es den Anschein hatte, als wollte sie demnächst vom Innenhof geradewegs in die Küche und ins Wohnzimmer wachsen. Nirgends auf der Insel habe ich eine Passiflora mit vergleichbarer Wuchskraft gesehen. Die Besitzerin war eine Frau, die ständig auf der Suche nach Wahrheit und Sinn war: Als ich sie kennen lernte, interessierte sie sich gerade brennend für gesunde Ernährung. Von einem Tag auf den anderen stellte sie ihre fünfköpfige Familie auf vegetarische Ernährung um; Hunde und Katzen eingeschlossen. Kurze Zeit später war die Sache mit der Ernährung nur noch halb so wichtig. Meditation hieß die neue Heilslehre. Sie besuchte ein Seminar nach dem anderen, nahm an mehreren Meditationskursen und vielen Treffen teil. Zum Schluss, bei ihrem neuen Guru, meditierte sie täglich mindestens fünf Stunden lang. Wieder einige Zeit später rückte das Haus in den Mittelpunkt ihres Interesses. Alles wurde von Grund auf renoviert, neue Räume angebaut, aus dem Wohnzimmer ein Meditationsraum gemacht und alles neu möbliert. Als sie damit fertig war, stürzte sie sich wieder in neue Themen – und wieder gab es viele Kurse, Seminare, Bücher, Meinungen, Ausrichtungen. Sie hörte nicht auf zu suchen. Was heute für sie gut und richtig war, das zählte nächste Woche schon nicht mehr.

Als ich die Essenz herstellte, wurde mir klar, warum sich die Kletterpflanze bei dieser Frau so kräftig entwickelte. Die Passiflora hielt genau die Medizin bereit, die ihre Besitzerin so dringend brauchte, aber (noch) nicht annehmen wollte – und das, obwohl sich die Passiflora förmlich aufdrängte.

Schwingung
Ich nehme eine gleichmäßig rotierende, nach innen zentrierende Energie wahr, die ganz langsam immer tiefer geht. Sie aktiviert alle Chakren und breitet sich, sobald sie in der

Tiefe der Chakren angelangt ist, wie flüssiges Licht in die Aura aus: vom siebten Energiekörper ausgehend bis in den dritten.

Wirkungsweise

Menschen, denen Passiflora gut tut, klammern sich überall fest. Sie sind immer auf der Suche nach Halt, nach Lehren und Meistern. Aber sie suchen stets im Außen. Genauso hält sich auch die Maracujapflanze überall fest und nützt auch den kleinsten Spalt oder Mauervorsprung. Sie wächst überall hoch, an Zäunen, Schnüren, Holzgittern, Steinen, Hauswänden. Sie passt sich jeder Rankhilfe an. Wenn sie zurückgeschnitten wird, treibt sie schnell wieder aus und wächst üppiger als je zuvor. Diese Mischung aus Neugier, Suche und Anpassung existiert auch bei uns Menschen. Sie kann sich zum Beispiel als »Seminartourismus« ausdrücken. Mir sind Menschen begegnet, die nach über hundert Seminaren immer noch suchten: nach dem richtigen Impuls oder der wahren Lehre, die ihnen endlich ihren Weg offenbaren wird. Passiflora beendet die Suche im Außen und führt uns in unser Inneres. Wenn unsere Wahrheitssuche durch Passiflora begleitet wird, kommen wir um eine innere Wandlung nicht herum. Die Essenz verhilft uns, uns selbst ehrlich zu begegnen. Sie fördert unsere Bereitschaft, uns so anzunehmen, wie wir gerade sind: mit all unseren Licht- und Schattenseiten. So fordert sie uns auf, nicht nur Teilwahrheiten, sondern die ganze Wahrheit zur Kenntnis zu nehmen. Wie mit den Früchten, die man eben nur mitsamt den Kernen essen kann, so verhält es sich auch mit der Innenschau: Entweder ich lasse mich ganz darauf ein oder ich lasse es ganz bleiben.

Passiflora bringt uns wieder in Kontakt mit uns selbst, wenn wir uns vor lauter Streben nach Prestige, Wohlstand, Macht oder Anerkennung gar nicht mehr richtig spüren können. Sie ist die richtige Essenz, wenn wir nicht wissen, was wir wirklich wollen und was wir wirklich brauchen. Sie hilft uns, wenn wir unsere Innenorientierung verloren haben. Mit ihr erkennen wir, wo wir unser Selbst verleugnet haben und uns nicht trauten, unsere Wahrheit zu leben. Passiflora unterstützt uns, die Frage »Wer bin ich?« zu beantworten. Wenn wir wieder tief in uns spüren, was für uns stimmt, brauchen wir uns nicht mehr wie ein Fähnchen im Wind an anderen auszurichten.

Besonderheit

- Die Essenz ist die ideale Unterstützung in allen Prozessen der Kontemplation wie zum Beispiel bei Exerzitien, Klosteraufenthalten oder buddhistischer Einsichtsmeditation (Vipassana).

Essenz 19

Plumbago capensis

Plumbago capensis

Bleiwurz

Familie Plumbaginaceae (Bleiwurzgewächse)
Herstellung Sonnenmethode

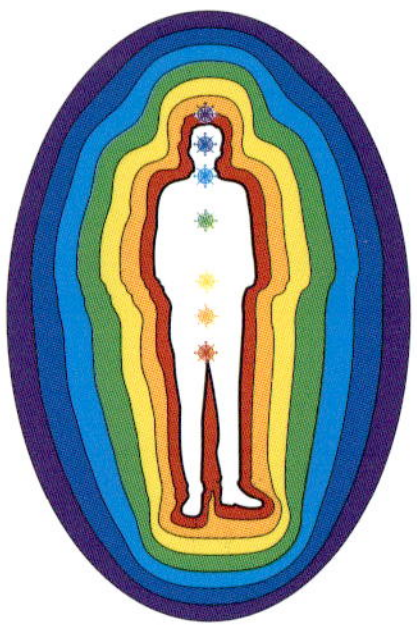

Thema

Mentale Freiheit

Pflanzenbeschreibung
Der in der südafrikanischen Kapregion heimische immergrüne Strauch hat kanzrandige, längliche Blätter. Die anspruchslose Kletterpflanze liebt sonnige Plätze und erfreut uns mit zahllosen hellblauen Blüten, die in kurzen Ähren angeordnet sind. Besonders wohl fühlt sich Plumbago capensis am Straßenrand, wo Verschmutzung, Staub, Abgase usw. andere Pflanzen zerstören – und so macht sie ihrem Namen »Bleiwurz« alle Ehre.

Die widerstandsfähige und schnellwüchsige Pflanze zeigt sich ganzjährig blühend ständig auf La Palma. Sie ist durch Samen und Stecklinge einfach zu vermehren und erfordert wenig Pflege. In der afrikanischen Volksmedizin findet sie Anwendung (vor allem die gemahlenen Wurzeln) bei Kopfschmerzen,s und auch im Umgang mit schwarzer Magie erweist sie sich als sehr hilfreich.

Schwingung
Ich fühle eine nach unten gehende, zur Erde hin drückende Energie. Mein Körper fühlt sich plötzlich schwer an, so, als wäre ich fest in Erde »eingetopft«, und ich spüre, wie die lebenswichtige Erdenergie in mich einströmt. Dabei werden besonders das Dritte Auge und das Halschakra aktiviert und wieder mit dem Wurzelchakra verbunden.

Wirkungsweise
Die nach unten laufende und zur Erde hin drückende Energie der Essenz hilft, den eigenen Standpunkt und Platz zu erkennen und Festigkeit in sich selbst zu finden: Wir können uns aus »energetischen Fesseln« und Abhängigkeiten befreien; auch lassen wir uns in unserem Denken, Fühlen und Handeln nicht mehr länger von anderen manipulieren. Plumbago hilft uns auf diese Weise, unsere mentale Freiheit (wieder) zu erlangen.

Besonders stark wirkt Plumbago auf das Dritte Auge und das Halschakra. Zunächst aktiviert die Essenz das Dritte Auge (bis es sich pulsierend öffnet) und verbindet es dann mit dem Wurzelchakra. Durch diese »Erdung« wird verhindert, dass unser Denken zu abgehoben wird und wir uns Illusionen hingeben. Wir sind in der Lage, Informationen klar zu verarbeiten und einzuordnen. Es kann sein, dass uns plötzlich Zusammenhänge klar werden oder dass wir intuitiv erkennen, was zu tun ist.

Plumbago energetisiert ebenfalls das Halschakra – so lange, bis es sich öffnet (oft vergrößert es sich sogar). Durch die Verbindung des Halschakras mit dem Wurzelchakra werden wir in unserem Selbstausdruck und unserer Kommunikation klarer und bestimmter, weil wir mit beiden Beinen auf dem Boden stehen und mit unserem Körper und unseren Bedürfnissen in Kontakt sind. Wir können uns annehmen, wie wir sind, und das nach außen auch vertreten. So entsteht die Verbindung zwischen Ausdruck und Wahrnehmung (im Halschakra) aus einem Zustand der Eigenliebe und des Seins (übers Wurzelchakra) heraus, das zu »Ich bin jetzt da« führt.

Plumbago schützt außerdem vor Strahlung (ausgelöst durch Computer, Handys oder anderen Elektrosmog). Der Schutz, den die Essenz bildet, wirkt wie die Bleiweste, die wir

vom Röntgen her kennen. Allerdings liegt die Bleiweste außen an unserer Aura, so dass schädliche Strahlung daran gehindert wird, in die Aura einzudringen. Hat unsere Aura bereits Schaden genommen, so erweist sich Plumbago ebenfalls als sehr hilfreich, insbesondere, wenn die Belastung schon über Monate und Jahre hinweg besteht. Chronische Strahlungsschäden sehen in der Aura aus wie Spinnennetze aus Draht. Manchmal umfassen sie die gesamte Aura. Wir sind dann wie in einem verhärteten, starren Korsett eingezwängt, das unser Wachstum und unsere Entwicklung behindert. Indem unsere Aura die schädliche Strahlung aufnimmt und speichert, kann sie unseren Körper noch einige Zeit vor größeren Schäden bewahren. Plumbago spürt die Verhärtungen und Deformationen auf und befreit uns davon. Syzygium jambos wirkt im Vergleich zu Plumbago vor allem bei neuen, erst seit kurzer Zeit entstandenen Strahlenschäden. Sie ist in ihrer Energie viel feiner, das heißt, sie könnte als zweite Essenz nach Plumbago eingesetzt werden, um auch die feineren Schäden in der Aura auszugleichen. Ähnlich wirkt Plumbago bei Belastungen mit Schwermetallen oder anderen Giften, die sich als verhärtete Blockaden in der Aura zeigen.

Besonderheit

- Plumbago lehrte mich das Gefühl von »Erdschwere« zu verstehen und mich selbst im Hier und Jetzt anzunehmen.
- Gute Erfahrungen machte ich mit Plumbago bei der Auflösung von Bannsprüchen und schwarzer Magie. Plumbago hilft hier, »energetische Fesseln« zu lösen.
- Die Essenz unterstützt uns bei »Entgiftungsprozessen« jeglicher Art und wirkt regenerierend auf alle unsere feinstofflichen Körper, besonders wenn sie mit Ricinus communis kombiniert wird.

Essenz 20

Podranea ricasoliana

Podranea ricasoliana

Weitschlundige Bignonie

Familie Bignoniaceae (Trompetenbaumgewächse)
Herstellung Sonnenmethode

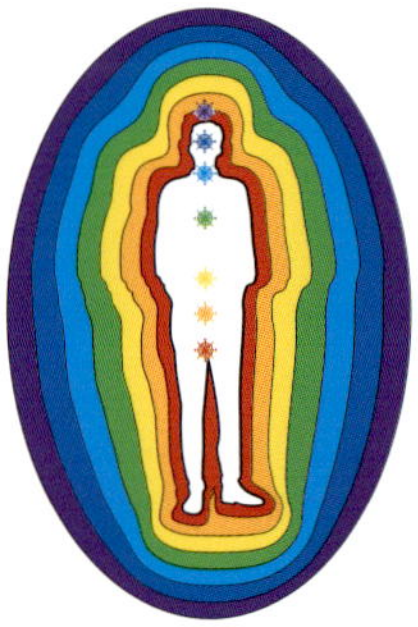

Thema

Lebendigkeit

Pflanzenbeschreibung
Die Bignonie kommt aus Südfrankreich und gedeiht auf La Palma als immergrüner Kletterstrauch an vielerlei Orten: auf Hausdächern ebenso wie am Straßenrand. Die schnell wachsende Schlingpflanze blüht das ganze Jahr über. Ihre rosafarbenen Blüten bilden lose traubenförmige Dolden und sind meistens dunkelrot gezeichnet. Oft mischt sie sich unter andere Schlingpflanzen wie die blaue Kaiserwinde, oder sie nimmt einen Strauch, einen Baum oder ein Gebäude als »Kletterhilfe«. Die Podranea findet immer eine Möglichkeit, um zu wachsen und zu gedeihen. Überall, wo es ihr gefällt, blüht sie unermüdlich und pflanzt sich mit ihren Samen schnell fort.

Schwingung
Ich fühle eine lebendige, stark wirbelnde und trotzdem leichte Energie in der Aura, in allen Chakren und am ganzen Körper. Es ist eine weißlich-rosa Energie, die in alle Richtungen gleichzeitig strömt: von innen nach außen und umgekehrt, von oben nach unten und umgekehrt. Ich schätze die Verspieltheit und Lebendigkeit dieser Essenz.

Wirkungsweise
Die Podranea sagt uns: »Egal, wo du bist und wie es dort ist, mach das Beste aus der Situation und lebe deine Lebendigkeit auf spielerische Art. Nutze alle Möglichkeiten, die sich dir bieten. Lebe das Leben lachend und lass nicht zu, dass es dich lebt!« Menschen, die in Wartesituationen sind oder sich scheinbar in einer Sackgasse befinden, werden mit der Podranea wieder aktiv und lebendig. Wir versteifen uns oft auf ein bestimmtes Thema, ein Ziel oder einen Handlungsablauf und sind dann nicht mehr offen für die Fülle, die uns das Leben bietet. Wenn wir auf bestimmte Erwartungen fixiert sind, sind wir wie blind und sehen nicht, dass sich noch viele andere Möglichkeiten bieten. Stattdessen werden wir immer passiver, harren aus, kämpfen und leiden. Im Gegensatz zur Passiflora, die Innenschau fördert, sensibilisiert die Podranea für mehr Wahrnehmung im Außen: Vieles wird wieder möglich, vieles erscheint nun realisierbar. Neue Ziele können definiert und umgesetzt werden; plötzlich entdeckt man Seitenwege und neue Perspektiven, die man vorher nicht erkennen konnte. Die Welt sieht durch Podranea betrachtet wieder lebenswert aus. Folgende Weisheit, frei zitiert nach Laotse, passt gut zur Podranea: »Wer immer die gleichen Fehler macht, ist dumm. Wer keine Fehler mehr macht, ist schon gestorben. Mach neue Fehler!« Podranea fordert uns auf, ins Leben zu springen und dabei das Risiko einzugehen, Fehler zu machen. Nur so können wir beständig weiter lernen und immer wieder ungeahnte Möglichkeiten entdecken.

Besonderheit
- Podranea erweist sich in Kombination mit Pancratium canariensis als ein wirksames Mittel bei: Kontaktmangel, Schüchternheit, Introvertiertheit und Hemmungen. Podranea fördert Ungezwungenheit, Lebendigkeit und Spontaneität, und Pancratium erweckt das nötige Vertrauen und die Gelassenheit, dass genau das Richtige passieren wird.
- Podranea gemischt mit Callistemon rigidus ergibt einen idealen »Belebungscocktail« bei Erschöpfung jeglicher Art.

Essenz 21

Ricinus communis

Ricinus communis

Wunderbaum, Rizinus

Familie Euphorbiaceae (Wolfsmilchgewächse)
Herstellung Sonnenmethode

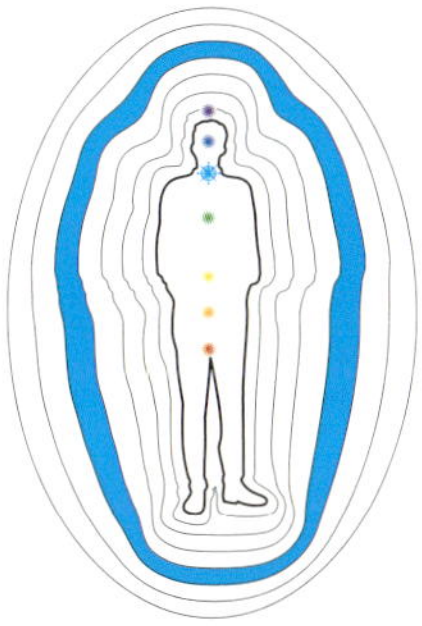

Thema

Lethargie

Pflanzenbeschreibung
Ricinus communis wächst auf La Palma überall, wo es ihm beliebt: an Straßenrändern genauso wie auf Feldern und in Gärten. Zum Ärgernis vieler Palmeros sät er sich ständig neu aus und wächst sehr schnell: Nach kurzer Zeit schon blüht er, verblüht wieder und streut erneut seine Samen aus. Obwohl die Palmeros die Pflanze beharrlich ausreißen und sogar verbrennen, lässt sie sich nicht vertreiben und findet immer wieder eine neue Nische, einen neuen Platz für sich. Ich bewundere diese Hartnäckigkeit und ständige Präsenz.

Die großen, je nach Standort und Jahresrhythmus in dunklem Rot, Grün oder Gelb glänzenden Blätter sind handförmig gelappt. Von der Form her erinnern sie an Ahornblätter. Der Wunderbaum blüht das ganze Jahr über. Die rispenartigen Blüten sind kugelförmig und innen wie kleine Fächer angeordnet. Unten sind die männlichen Blüten mit verzweigten, vanillefarbenen bis gelben Staubblättern, darüber die weiblichen Blüten in verschiedenen Rottönen. Blüten und abgestorbene Teile mit reichlich Samenkapseln sind meist gleichzeitig an einer Pflanze anzutreffen. Die Samenkapseln und auch die rotbraun-weiß-marmorierten Samen sind wunderschön. Auf La Palma stellen junge Leute aus den ungewöhnlichen Samen Halsketten her und verkaufen sie auf dem Markt.

Die rohen Samen enthalten den Wirkstoff Ricionolsäure und sind sehr giftig. Man sagt, dass sechs Samen ein Kind töten können. Zur Herstellung von Rizinusöl werden die Samen kalt gepresst und mit Wasserdampf behandelt. Dadurch wird der giftige Eiweißstoff Ricin zerstört, so dass das Öl keinerlei Gifte mehr enthält.

Das Öl ist ein bekanntes Mittel in der Kosmetik und im medizinischen Bereich.

Schwingung
Ich empfinde die starke, rechtsdrehende Energie wie kleine Ventilatoren, die nach außen streben und sich ihren Platz schaffen wollen.

Wirkungsweise
Ricinus communis wirkt besonders auf das Halschakra. Die Essenz kann als erste Hilfe eingesetzt werden, wenn uns etwas »im Hals stecken geblieben ist«, aber auch, wenn wir immer noch an etwas Altem zu »schlucken« haben. Als ideale »Rednerblüte« unterstützt sie uns, unsere eigene Wahrheit auszusprechen. Die Essenz ist bei jeglicher Form von gestörter Kommunikation hilfreich. Als sehr kraftvolle Essenz stärkt sie besonders unseren fünften Energiekörper und somit die Selbstwahrnehmung in allen Bereichen.

In Phasen geistiger und körperlicher Trägheit, Passivität oder Lethargie, aber auch bei Melancholie und Selbstmitleid kann Ricinus helfen. Die Essenz löst »geistige Verschleimung« und innere Schlacken, so dass wir diese meist emotionalen Zustände schneller überwinden können. Eingefahrene Gewohnheiten, starre Stukturen oder überholte Traditionen und Werte können mit ihrer Hilfe klar, distanziert und nahezu emotionslos betrachtet werden und durch gesündere, freiere und realitätsbezogenere Haltungen und

Handlungsweisen ersetzt werden. Hier zeigt sich deutlich die besondere Stärke der Essenz: Mit unglaublicher Zähigkeit und Durchsetzungskraft macht sie sich an die Arbeit, uns zu unterstützen.

Besonderheit

• Ricinus fördert jegliche Art von Prozessen, in denen es um Loslassen geht. Sie wirkt sich sogar bei Suchtverhalten positiv aus und unterstützt bei allen Regenerationsprozessen.
• Beim Ausleiten von Schwermetallen ist die Ricinusessenz, so berichteten mir Zahnärzte und Heilpraktiker, eine wertvolle Unterstützung. Besonders gut gegen Schwermetallbelastungen wirkt meiner Erfahrung nach Ricinus communis kombiniert mit Plumbago capensis. Auch beim Heilfasten, Entschlacken und Ausleiten von Giftstoffen erweist sich die Essenz als sehr dienlich.

Essenz 22

Schinus molle

Schinus molle

Pfefferbaum,
Peruanischer Pfefferbaum

Familie Anacardiaceae (Sumachgewächse)
Herstellung Sonnenmethode

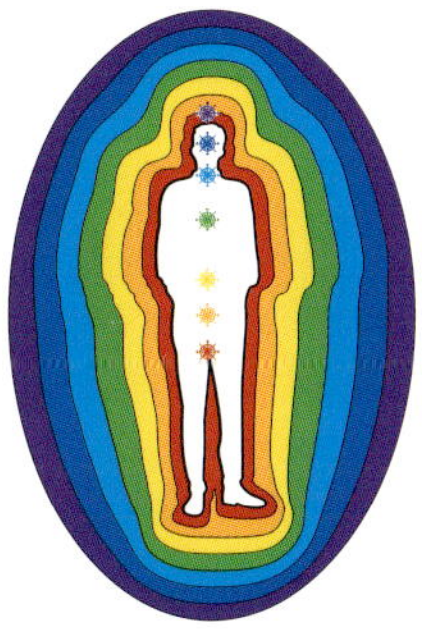

Thema

Stagnation

Pflanzenbeschreibung

Schinus molle hielt ich zuerst für einen Olivenbaum. Als ich dann eine Weile auf La Palma war, fand ich schnell heraus, dass dem nicht so war. Für Olivenbäume ist es hier zu warm. Sie wachsen zwar, setzen aber keine Oliven an, weil sie hier keinen Winterfrost bekommen. Deshalb werden sie auf der Insel erst gar nicht gepflanzt. Der Baum, der wie ein Olivenbaum aussieht, machte mich neugierig. Er ist auf La Palma weitverbreitet und wächst an vielen Straßenrändern und in Gärten. Die zarten, weißen Blüten hängen in lockeren Rispen herunter. Aus ihnen entstehen rosarote bis knallrote kleine Beeren. Sie schmecken nach Pfeffer und wurden deshalb früher, als Pfeffer sehr teuer war, als Pfefferersatz verwendet. Manch einer hat ihn wohl auch als echten Pfeffer verkauft. Auf die Insel La Palma kam Schinus molle aus Brasilien, Uruguay und Paraguay, wo ähnliches Klima herrscht. Er ist sehr pflegeleicht und übersteht auch längere Trockenperioden gut. Wenn er genügend Wasser bekommt, wächst er besonders schnell. Zudem ist er auch als angenehmer Schattenspender beliebt. So pflanzte ich bald selbst einen Pfefferbaum in meinem Garten.

Schwingung

Ich spüre eine kräftig pulsierende, laserartige Energie, die sich über den ersten Energiekörper immer weiter nach außen ausbreitet. Sie leuchtet türkis grünlich und hat sehr belebende Wirkung, die ich als Kribbeln in den Händen und Füßen wahrnehme.

Wirkungsweise

Menschen, die durch einen Schock oder ein traumatisches Erlebnis ihre Chakrentore verschlossen haben, werden durch die Pfefferbaumessenz wieder zum Leben erweckt. Für mich ist es die »Dornröschenblüte«. Sie kann Menschen aus ihrem hundertjährigen Schlaf holen. Dann sind sie nicht mehr länger in ihrem Turm isoliert, sondern können dem Leben wieder frei begegnen. So wie der Prinz sich durch die Dornenhecke begibt, um Dornröschen zu befreien, so macht sich die grünlich frische, kräftige Energie von Schinus molle an die Arbeit, um uns aus der Stagnation zu befreien – wenn wir es wollen und zulassen.

Schinus molle kann uns helfen, Stagnation und Blockaden in allen Bereichen unseres Lebens aufzulösen. Sie ist die richtige Essenz, wenn wir uns »festgefahren« fühlen und keinen Ausweg finden:

- Wenn wir uns in tägliche Pflichten eingezwängt fühlen und keine Zeit für uns haben.
- Wenn wir von unserer Arbeit frustriert sind, schon lange innerlich gekündigt haben, aber trotzdem nichts verändern und täglich im gleichen Trott weitermachen.
- Wenn uns Gefühle lähmen und wir über Liebeskummer oder eine schwere Enttäuschung lange nicht hinwegkommen und fast depressiv werden.
- Wenn hohe Schulden oder Existenzängste uns schlaflose Nächte bereiten und unsere Gedanken gefangen nehmen.
- Wenn uns Kontakte fehlen und wir uns in uns selbst zurückgezogen haben.
- Wenn uns Lernblockaden oder Denkblockaden behindern und wir uns so fühlen, als hätten wir ein »Brett vor dem Kopf«.
- Wenn uns ein Problem ständig im Kopf herumkreist, ohne dass wir eine Lösung finden.
- Wenn wir in Dogmen gefangen sind und uns aus Angst vor Kritik und Zurückweisung nicht davon befreien.

Menschen, die Schinus molle brauchen, sehen in ihrer Aura aus wie eingesperrt oder gepanzert. Zum Zeitpunkt des Schocks oder Ereignisses, als die Mauer oder der Panzer installiert wurden, brauchten wir diesen Schutz, um zu überleben und durchzuhalten. Sobald der Schutz jedoch zum Korsett wird, fängt er an, uns zu behindern und unsere Weiterentwicklung zu blockieren. Wenn Sie sich wie Dornröschen fühlen, versuchen Sie die Schinusmolleessenz!

Besonderheit

- Langsamer und behutsamer wirkt Schinus molle in Kombination mit Miltiona oder Passiflora edulis.
- Zusammen mit Podranea ricasoliana oder Staphelia flavirostris verstärkt sich jedoch die Wirkung erheblich. Allerdings erst, wenn man seine Konflikte auch wirklich bearbeitet.
- In der Therapie wird häufig als erstes Schinus molle eingesetzt, um Stagnationen zu lösen. Die Bearbeitung des traumatischen Erlebnisses wird dann entsprechend dem Thema mit anderen Essenzen unterstützt und begleitet.

Essenz 23

Solandra nitida

Solandra nitida

Goldkelch

Familie Solanaceae
Herstellung Mondmethode bei Vollmond im Skorpion

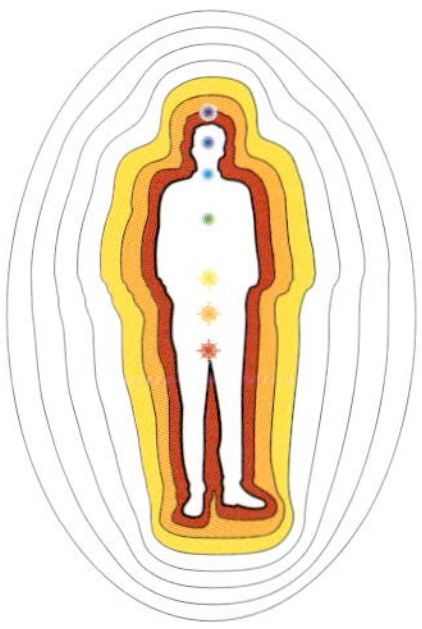

Thema

Emotionale Offenheit

Pflanzenbeschreibung
Die aus Mexiko stammende, immergrüne Kletterpflanze zählt zu den Nachtschattengewächsen. Sie wächst sehr schnell und verholzt stark, deshalb benötigt sie viel Platz und muss regelmäßig zurückgeschnitten werden. Die Solandra bildet bis zu zwanzig Zentimeter lange, becherförmige Blütenkronen, die sich relativ derb anfühlen, fast ledrig. In der Nacht, wenn die Blüten aufgehen, sind sie zunächst blassgelb; kurz darauf verfärben sie sich dann und werden golden bis hellbraun und im Innern der Kelche werden fünf purpurfarbene Streifen sichtbar. Als Fruchtstand bildet die Solandra kugelige Beeren aus. Vermehren lässt sie sich jedoch leichter über Stecklinge. Alle Pflanzenteile der Solandra enthalten hochaktive Tropanalkaloide. Die Indios verwenden deshalb Blätter und Blüten für Rituale und berauschende, aphrodisische Anlässe. Aus den Wurzeln gewinnen sie einen psychedelisch wirkenden Saft.

Bei der Herstellung der Solandra wählte ich zum ersten Mal die Mondmethode, bei der nicht die Sonne, sondern der Mond als Katalysator wirkt. Die Mondmethode eignet sich für alle Nachtschattengewächse, aber auch für Giftpflanzen. Die Devas der Solandra hatten mich in Träumen und in der Meditation mit der Mondmethode vertraut gemacht. Vom Heilkräuter sammeln wusste ich, dass die Transformationskraft des Mondes bei Vollmond im Skorpion am stärksten ist. Daher stand der Herstellungszeitpunkt der Solandra Monate vorher für mich fest. Allerdings fiel der Termin auf Mitte Winter: in eine Zeit, wo auch auf La Palma die Solandra eigentlich nicht blüht. Als der Zeitpunkt näher rückte, hatte die große Kletterpflanze vor meinem Haus schon zwei Monate lang keine einzige Blüte mehr getrieben. Jeden Tag bat ich sie, rechtzeitig zum festgelegten Termin doch bitte mindestens drei ihrer herrlichen, goldenen Kelche zu bilden. Und tatsächlich – genau in jener wunderbaren, klaren Nacht mit Vollmond im Skorpion öffneten sich mehrere Blüten. Mond und Sterne strahlten vom Himmel, kein Lüftchen regte sich und es war ganz warm. Danach blühte die Solandra wochenlang und war übersät mit hunderten von Blüten. Das war außergewöhnlich für diese Jahreszeit, und viele palmerische Besucher sprachen mich verwundert darauf an. Danke, Solandra!

Schwingung
Ich nehme vor allem im Kopfbereich sowie im Solarplexus kraftvolle, starke Energieimpulse wahr. Alle Nervenbahnen reagieren schnell und stark wie auf elektrische Impulse.

Die Haut scheint gleichmäßig zu vibrieren, vergleichbar mit einer leichten, wirbelnden Massage.

Wirkungsweise
Die Solandra aktiviert und öffnet das Dritte Auge und die drei unteren Chakren (ausgehend vom Solarplexus, dann Sexualchakra und schließlich Wurzelchakra). Vom Wurzelchakra aus verbindet die Essenz zur Erde hin; sie hilft uns auf diese Weise, energetisch Wurzeln zu schlagen. Gleichzeitig werden die drei inneren Energiekörper der Aura nacheinander aktiviert und gestärkt. Häufig reagiert der vordere Chakrenbereich stärker als die Chakren auf der Körperrückseite – also mehr der emotionale Bereich als der Willensbereich.

Die Solandra aktiviert und sensibilisiert alle Sinneswahrnehmungen. Voraussetzung für diese erhöhte Sensibilität ist zum einen das geöffnete Dritte Auge, zum anderen die »Erdung«, für die die Solandra sorgt: Erst wenn ich fest mit der Erde verwurzelt und ganz in meinem Körper angekommen bin, habe ich die nötige Sicherheit, um spirituelle Erfahrungen zulassen und integrieren zu können; dann kann ich meine spirituellen Antennen ganz auf Empfang schalten und auch intuitive oder übersinnliche Wahrnehmungen in mein Bewusstsein lassen.

Wahrnehmungsschulung ist ein wichtiger Schritt in unserer spirituellen Weiterentwicklung. Ich möchte Sie ermuntern, gemeinsam mit anderen Menschen zu experimentieren. Vergleichen Sie die unterschiedlichen Wahrnehmungsformen von Energiephänomenen und die vielfältigen Sprachen der Intuition. Auf diese Weise werden Sie immer mehr Sicherheit und Vertrauen in Ihre eigene Wahrnehmungsfähigkeit und Intuition gewinnen.

Die Solandra hilft uns außerdem, emotionale Blockaden und Programme aufzulösen und mehr und mehr emotionale Offenheit zu entwickeln. Ist der Solarplexus geöffnet, haben wir besonders guten Zugang zu unseren Gefühlen. Mit dem geöffneten Dritte Auge können wir unsere Gefühle klarer wahrnehmen und emotionale »Spiele« aufdecken. Alle Gefühle, die wir je hatten, sind wie auf einer Computerfestplatte in unserem Solarplexus energetisch gespeichert: jede liebevolle Zuwendung ebenso wie jede emotionale Verletzung, jeder Streit oder Machtkampf sowie alle unsere emotionalen Muster und Programme, mit denen wir auf bestimmte Situationen reagieren.

Stellen Sie sich vor, diese Informationen wären alle in einem Spielautomaten wie zum Beispiel einem Flipper enthalten. Sobald jemand Geld in Form von Lob oder Tadel, Zurückweisung oder Verletzung in das Gerät einwirft, beginnt das unaufhaltsame Spiel der Emotionen. Die Räder beginnen sich zu drehen, wir schießen die Kugel ab und drücken schnell und ruckartig an den Knöpfen. Im übertragenen Sinne heißt das, wir reagieren emotional und unbewusst und spulen alte Programme ab. Ob das unbewusste Programm nun heißt: »Nähe ist gefährlich« oder »Ohne einen anderen kann ich nicht leben« oder »Wenn ich liebe, werde ich verlassen« – einmal angestoßen, können wir das Spiel kaum mehr stoppen. Je länger die Kugel unterwegs ist, je öfter sie im Zickzackkurs hierhin und dahin prallt, desto mehr Punkte sammeln wir. Genährt werden dadurch jedoch nur unsere alten, emotionalen Programme. Frustration, Enttäuschung, Verletzung sind die Folge. Obwohl wir wissen, dass letztlich nur der Automat gewinnt, spielen wir immer wieder – und die anderen mit uns. Beginnen wir jedoch, unsere Programme bewusst wahrzunehmen und anzuerkennen, so wird wir es uns immer öfter und früher gelingen, aus diesen emotionalen Spielen auszusteigen.

Die Solandra unterstützt uns in diesem Prozess. Je freier wir von unserer »Spielsucht« werden, desto mehr wächst unsere emotionale Offenheit, und je mehr unsere emotionale Offenheit wächst, desto leichter fällt es uns, negative Programme aufzugeben. Eine positive Spirale kommt in Gang. Bisher schwierige Situationen meistern wir mit zunehmend spielerischer Leichtigkeit. Unsere Kommunikation mit anderen wird offen und ehrlich und ist frei von versteckten Absichten. Unsere Beziehungs- und Liebesfähigkeit wächst beständig.

Besonderheit

- Die Kombination aus Solandra und Tithonia diversifolia hilft uns, Optimismus zu entwickeln.
- Mischt man Solandra mit Ricinus communis, können sich leichter neue emotionale Muster bilden.
- Eine Mischung aus Solandra und Aloe ferox fördert emotionale Klarheit.

Essenz 24

Staphelia flavirostris

Staphelia flavirostris

Aasblume

Familie Asclepiadaceae
Herstellung Sonnenmethode

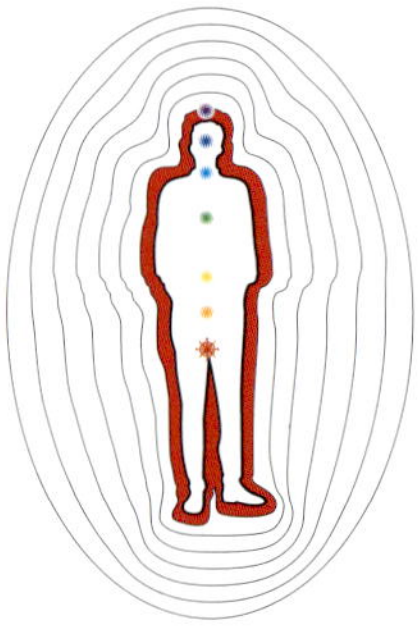

Thema

Neubeginn

Pflanzenbeschreibung
Als kleines Mädchen war meine Lieblingsblume die Staphelia variegata. Eine Großtante hatte diese zu den Sukkulenten gehörende Pflanze auf ihrer Fensterbank. Wenn sie blühte, war es für mich, als wäre diese fünfblättrige Blüte ein Seestern aus dem Meer, der sich in eine Blume verzaubert hatte, um hier bei uns zu sein. Nach dem Tod meiner Großtante erhielt ich die Pflanze, die bei mir leider nicht lange lebte. Heute weiß ich, dass ich sie zu häufig gegossen habe und sie deswegen eingegangen ist. Stapheliaarten faulen bei zu viel Wasser. Welche Freude, als ich auf La Palma die Staphelia entdeckte.

Die Staphelia flavirostris ist allerdings viel größer als mein »verzauberter Seestern«; die Blüte kann bis zu siebzehn Zentimeter Durchmesser bekommen. Sie hängt nach unten an der Pflanze und öffnet sich für nur einen Tag; am nächsten Tag wird sie matschig und faulig, stinkt (daher der Name Aasblume) und zieht mit diesem Geruch Insekten an. Heute steht die »größere Schwester« meines »Seesterns« vor meinem Haus auf der Südseite und trägt jedes Jahr mehrere wunderschöne Blüten.

Schwingung
Ich spüre die Energie der Stapheliaessenz stark im Wurzelchakra und ganz nahe an meinem Körper, wie eine zweite Haut, die mich umgibt. Sie umhüllt mich und trägt mich wie eine Schutzschicht.

Wirkungsweise
Die Stapheliaessenz kann uns in allen Phasen, in denen Altes abgeschlossen wird und ein Neubeginn ansteht, unterstützen (zum Beispiel: Kinder, die in den Kindergarten kommen oder sich in eine neue Gruppe mit einer neuen Vertrauensperson begeben; Schüler, die in eine neue Klasse kommen oder die Schule wechseln; Umzug an einen neuen Ort, ein neues Haus; Schulbeginn, Studienwechsel usw.; Ausziehen von zu Hause; erste »Bude« alleine ohne Familie; Arbeits-, Firmenwechsel. Überall, wo Neues auf uns zukommt und wir diesen noch unbekannten Energien, Situationen und Menschen gegenübertreten, hilft Staphelia, dass wir in unserer Mitte bleiben.

Speziell für die Wandlungsphasen in unserem Leben wie Abschiednehmen und Neubeginn kann uns Staphelia helfen: Bei traurigen Ereignissen wie Trennung und Scheidung, die wir zwar innerlich bejahen können, aber dennoch von Zukunftsängsten geplagt sind, ist Staphelia eine wundervolle Begleiterin. Beim Abschiednehmen, im extremsten Fall beim Tod eines geliebten Menschen oder lieb gewonnenen Tieres, unterstützt uns Staphelia, diese Phase behutsam zu durchschreiten, ohne dass durch einen Schock die Chakren zerreißen oder Auraschichten Risse bekommen. Die Pflanze lehrt uns die Haltung von: Verstehen, Annehmen, Weitergehen. Bedenken Sie: Im Loslassen liegt der Beginn des Sich-Wiederfindens!

Besonderheit
- Staphelia begleitet Wandlungsprozesse. Sie hilft, ein Problem zu bewältigen, mit einer positiven Einstellung weiterzugehen bzw. neu anzufangen – allerdings müssen wir es auch wollen und tun!

Essenz 25

Strelitzia nicolaei

Strelitzia nicolaei

Natalstrelitzie

Familie Musaceae (Bananengewächse)
Herstellung Sonnenmethode

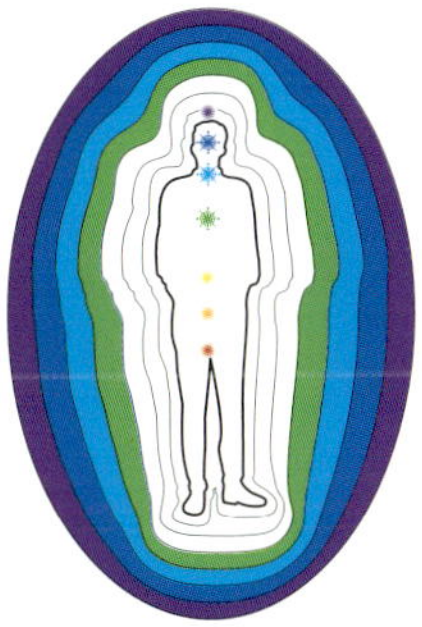

Thema

Erkennen der eigenen Rollen

Pflanzenbeschreibung

Die robuste, bis zu acht Meter hoch werdende Strelitzia nicolaei zählt zu den Bananengewächsen. Sie bildet einen verholzenden Stamm, und ihre Blätter ähneln Bananenblättern. Ihre großen, weißblauen Blüten sehen aus wie Köpfe exotischer Vögel mit blauem Schnabel und weißen Kopffedern. Auffallend sind der symmetrische Wuchs der Pflanze und die enorme Größe der Blüten. Bei der Herstellung hat mir dies einiges Kopfzerbrechen bereitet, denn als Herstellungsgefäß hätte ich fast einen Swimmingpool benötigt. Wenn ich die Strelitzia betrachte, erinnern mich ihre Blüten immer an Vögel, die gerade mitten in einer Gruppendiskussion sind. Noch nie habe ich eine Staude mit nur einer einzelnen Blüte gesehen.

Die Pflanze liebt sonnige Lagen, viel Feuchtigkeit und Böden, die reich an organischen Stoffen sind. Besonders gut gedeiht sie daher in Parks, botanischen Gärten oder Hotelanlagen, wo sie stets gut gepflegt wird. In freier Natur kümmert sie eher dahin und treibt kaum Blüten. Die Strelitzia scheint sehr dominant in ihrem Nahrungsanspruch zu sein, denn einige Meter rund um ihren Stamm ist die Erde kahl – selbst der kleinste Grashalm wächst hier nicht, und schon gar keine Blume.

Schwingung

Ich nehme eine fächerartige, sich nach oben ausbreitende Energie wahr, die nach außen hin immer feiner und schwächer wird.

Wirkungsweise

Die Strelitzia wirkt sehr stark auf das Halschakra und macht uns insbesondere in der Kommunikation bewusst, wer wir sind und wie wir wirken. Sie hilft uns, »mit dem Herzen aus dem Bauch heraus« zu sprechen. Sie verbindet Halschakra mit Herzchakra und Solarplexus. Besonders geeignet ist sie für Menschen, die bestimmte Rollen spielen und dadurch ihre eigene Wahrheit nicht zum Ausdruck bringen. Meist sind solche Rollen unbewusst und haben sich so verselbständigt, dass sie nicht ohne weiteres erkennbar sind. Die Strelitzia unterstützt uns auf dem Weg der Selbsterkenntnis. Sie hilft uns, unsere Rollen aufzudecken und unserer inneren Wahrheit auf die Spur zu kommen. Dabei können uns folgende Fragen helfen: Was ist

wichtig in meinem Leben? Warum tue ich das, was ich tue? Was steckt hinter meinem Streben nach Titeln, Macht, Bildung oder materiellen Dingen? Was brauche ich wirklich, um glücklich zu sein – auf den unterschiedlichsten Ebenen: materiell und körperlich, geistig und psychisch, seelisch und spirituell? Was habe ich bereits erreicht und was fehlt mir noch?

Mit Hilfe von Strelitzia können wir alle unsere Verhaltensweisen ergründen, mit denen wir unsere Wahrheit noch nicht zum Ausdruck bringen. In der Regel haben wir uns Rollen zugelegt, weil unser wahres Selbst für unser Umfeld nicht annehmbar schien und wir uns vor Zurückweisung fürchteten. Wenn wir unsere Rollen nun Schritt für Schritt aufgeben wollen, kommen wir nicht umhin, uns den dahinter liegenden Ängsten und Verletzungen zu stellen. Strelitzia nicolaei zeigt uns, sie liebevoll anzunehmen und zu heilen; unser Herzchakra ist uns schließlich bei der Auswertung behilflich, um neue Wege gehen zu können. Dieses neue Bewusstsein, auf Wahrhaftigkeit beruhend, begleitet alle neuen Ziele; somit gelingt es uns, unsere eigenen Rollen zu akzeptieren oder zu verändern.

Besonderheit

• Strelitzia nicolaei hat sich besonders in Phasen der Wandlung bewährt, zum Beispiel bei Umzug, Schul- oder Berufswechsel; bei Trennungen oder beim Tod einer geliebten Person; bei Beginn einer neuen Beziehung. Die Essenz ermutigt, die eigene Wahrheit zu leben; falsche Kompromisse können somit verhindert werden.

Essenz 26

Syzygium jambos

Syzygium jambos

Rosenguave,
Rosenapfel

Familie Myrtaceae (Myrtengewächse)
Herstellung Sonnenmethode

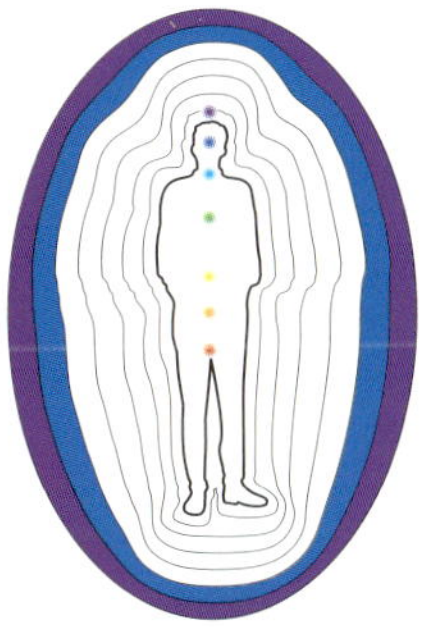

Thema

Energieausgleich

Pflanzenbeschreibung
Der Rosenapfelbaum stammt aus Südostasien und braucht einen warmen, sonnigen Standort. Der immergrüne Baum wird neun bis zwölf Meter hoch und hat dunkelgrün glänzende, etwa achtzehn Zentimeter lange, lanzenartige Blätter. Besonders schön sind seine vanillefarbenen bis hellgelben Blüten, die mit ihren feinen, langen Staubblättern aussehen wie kleine Staubwedel. Wenn kein Unwetter dazwischenkommt, bilden sich aus ihnen etwa vier Zentimeter große, gelbe Früchte. Die kleinen Äpfelchen schmecken etwas fade, duften aber wunderbar nach Rosen. Deshalb finden sie oft in Süßigkeiten, aber auch in Räucherwerk und Parfums Verwendung. Im Orient werden zum Teil sogar Zigaretten mit Rosenapfel aromatisiert.
Die Rinde des Rosenapfelbaums wird zum Färben und Gerben von Leder und Stoffen eingesetzt, und auch das qualitativ hochwertige Holz des Baumes ist ein begehrter Grundstoff.

Direkt vor meinem Haus wächst ein Rosenapfelbaum, der den Hauseingang wunderschön grün einrahmt. Seit ich hier lebe, hält mein Hausbaum immer wieder eine Überraschung für mich bereit ...

Als ich ihn erstmals nach meinem Einzug blühend erlebte, fiel mir nach einiger Zeit auf, dass immer, wenn ich nachdenklich oder traurig durch mein Baumtor gehe, es so scheint, als würde mich jemand mit feinen Federn so lange kitzeln, bis ich lachen muss. Es ist ein spontanes, herzliches Lachen (wie über einen guten Witz), manchmal endet es sogar in einem Lachanfall. Neugierig beobachte ich seitdem alle meine Gäste, die durch das Baumtor kommen, und stelle auch bei ihnen die gleichen Wirkungen fest. Meine Hündin Cara, ein neun Jahre alter Golden Retriever, sucht die Nähe des Rosenapfelbaums, wenn sie sich traurig oder einsam fühlt: zum Beispiel weil sich niemand findet, der ihr ihr geliebtes Bällchen zuwirft. Die Katzenkinder, die wir bislang hatten, scheinen ihn ebenfalls zu lieben; jede Generation machte ihre ersten Klettererfahrungen in diesem Baum – nirgends anderswo, obwohl noch einige weitere Bäume sehr nahe am Haus und im Garten stehen.

Nachdem ich mich an die erheiternde Wirkung meines Baumes gewöhnt hatte, empfing er mich kurz darauf mit einer neuen Überraschung: Wenn ich unter vielen Menschen bin, zum Beispiel auf dem Markt, auf einem Konzert oder in der Diskothek, und dann wieder heimkomme, sehe ich, dass das Baumtor wie eine Schleuse oder eine energetische Waschstraße wirkt. Meine Aura wird von all den Fremdenergien gereinigt: Einmal durchgehen und weg ist der energetische Restmüll.

Vor zwei Jahren trug mein Rosenapfelbaum zum ersten Mal, seit ich hier wohne, Früchte. In den Jahren zuvor blühte der Baum zwar jedes Jahr wunderschön, doch die Früchte fielen regelmäßig den Frühjahrsstürmen zum Opfer. Als die Früchte schließlich reif wurden, versetzte mich mein Baum wieder einmal in Staunen: Immer wenn ich das Baumtor passierte, zog mich eine betörende Duftwolke in ihren Bann. Ich nahm eines der unscheinbaren Äpfelchen und legte es neben mein Bett. Es war ein Genuss. Der ganze Schlafraum war fast zwei Wochen lang von einem zärtlich erotischen Rosenduft erfüllt – und das von einer einzigen Frucht. Neugierig und gespannt auf die nächste Überraschung machte ich mich schließlich daran, aus den hellgelben, fröhlich gefiederten Blüten eine Essenz herzustellen.

Schwingung

Ich nehme eine leichte, lustige Energie mit einer sehr hohen, feinen Schwingung wahr. Sie hüllt mich völlig ein, und ich fühle mich, als werde ich am ganzen Körper zärtlich gekitzelt.

Wirkungsweise

Die Rosenguave wirkt zum einen als Auraschutz, zum anderen energieausgleichend. Von außen nach innen gehend fließt die Essenz vor allem in den siebten und sechsten Energiekörper. Diese beiden äußeren Energiekörper werden durch die Essenz so gestärkt und verdichtet, dass schädigende Einflüsse nicht mehr so stark eindringen können. Um den siebten Energiekörper herum bildet sich zudem eine weiche, aber widerstandsfähige Lichthaut in genau derselben Farbe wie die Blüte, die den Auraschutzeffekt noch verstärkt. Die Lichthaut fängt sofort an wie eine Umwälzpumpe Energie von innen nach außen und von außen nach innen zu pumpen – so lange, bis alle Energiekörper gleichmäßig mit Energie versorgt sind.

Wir sind heute vielfältigen Einflüssen ausgesetzt, die unsere Aura beeinträchtigen. Wenn wir ohnehin schon angeschlagen sind, kann unsere Aura bereits schon nach einigen Minuten Belastung Löcher, Blasen, Risse oder Sprünge aufweisen. Wir verlieren dann Energie und fühlen uns körperlich, geistig und emotional müde und ausgelaugt. Während sich Wissenschaftler noch streiten, welche Auswirkungen die zunehmende Strahlenbelastung zum Beispiel durch Handys oder Schnurlostelefone (v. a. DECT-Standard mit 24-Stunden-Pulsation), durch Mikrowellengeräte, aber auch durch Langstreckenflüge auf uns hat, ist diese Belastung für aurasichtige Menschen wie mich klar erkennbar:

Strahlung durchlöchert unsere Aura wie ein feines Sieb. Durch die unzähligen, mikrofeinen Löcher läuft uns regelrecht die Batterie aus, und unsere Aura wird immer kleiner und kraftloser, immer weniger widerstandsfähig, und wir werden immer anfälliger für alle möglichen Krankheiten. Der durch die Rosenapfelessenz aufgebaute Schutz verhindert wirksam das Eindringen schädlicher Strahlung in unsere Aura. Bei hoher Strahlenbelastung hat es sich auch bewährt, die Essenz mit meinem Auraschutzmittel zu kombinieren.

Auch wenn wir uns an Orten mit niedriger Energie aufhalten, hat das Einfluss auf uns. Intuitiv wissen und spüren wir alle sehr gut, welche Umgebung wohltuend für uns ist und welche uns Energie kostet: Orte mit niedriger Energie können zum Beispiel Kaufhäuser und Krankenhäuser sein, ebenso Kneipen oder Diskotheken, wo Alkohol und andere Drogen konsumiert werden. Wenn sich jemand mit hoher Energie in so einer Umgebung aufhält, findet automatisch ein Energieausgleich statt: Diejenigen mit höherer Energie verlieren, diejenigen mit niedrigerer Energie nehmen Energie auf. Ich sehe dann, dass sich die Auren der Menschen in Größe und Leuchtkraft einander angleichen. Lärm oder laute Musik, ebenso Schwarzlicht oder ein Stroboskop, das mitunter in Diskotheken eingesetzt wird, können uns zusätzlich belasten – oft kann ich dann Sprünge und Risse in der Aura erkennen.

Wenn wir schon ahnen, dass eine bestimmte Situation unser Energiesystem überfordern wird, empfiehlt es sich, die Rosenapfelessenz vorbeugend anzuwenden, um eine Beschädigung der Aura von vornherein zu reduzieren. Das kann zum Beispiel auch vor allen unangenehmen, stressbeladenen Situationen sein, wie etwa vor emotionalen Auseinandersetzungen. Wenn wir emotional angegriffen werden, wirkt das in unserer Aura wie ein Einstich durch einen Speer oder ein Messer – und genauso fühlen wir das oft auch. Syzygium jambos unterstützt (wie alle anderen Essenzen) natürlich nicht nur Menschen, sondern auch Tiere oder Pflanzen.

Besonderheit

• Menschen, die häufig mit dem Flugzeug unterwegs sind, haben mir positiv bestätigt, wie wohltuend die Essenz wirkt: Sie kommen deutlich ausgeruhter und vitaler an ihrem Zielort an.

• Freunde, Bekannte und Patienten berichten, dass sich ihre übersinnliche Wahrnehmungsfähigkeit schon nach kurzer Zeit verbessert hat: Sie machen Erfahrungen mit Hellsichtigkeit, Hellfühligkeit, Hellhörigkeit oder Aurasichtigkeit.

Essenz 27

Tithonia diversifolia

Tithonia diversifolia

Tithonie,
Mexikanische Sonnenblume

Familie Compositae (Korbblütler)
Herstellung Sonnenmethode

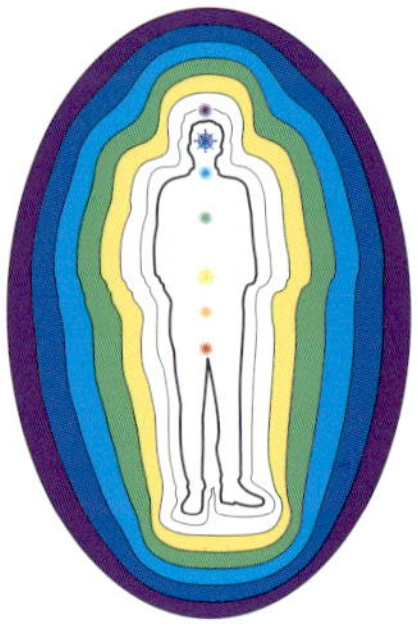

Thema

Lebenslust

Pflanzenbeschreibung
Die aus Mexiko stammende Tithonia wächst strauchartig und blüht fast das ganze Jahr über. Ihre üppigen, tiefgelb leuchtenden Blüten sehen aus wie lachende, kleine Sonnen. Von der Form her ähneln die Blüten Margeriten: Dreizehn Blütenblätter sind symmetrisch um ein erhobenes Staubgefäß angeordnet. Da die Pflanze ausreichend Wasser braucht, um zu gedeihen, wächst sie auf La Palma vor allem dort, wo regelmäßig gegossen wird: also in Gärten und in öffentlichen Anlagen. Obwohl die sie viele Samen produziert, vermehrt man die Tithonia normalerweise mit Stecklingen.

Bei der Recherche bin ich auf eine interessante Information über die mexikanische Sonnenblume gestoßen: In Ländern der Dritten Welt in Lateinamerika und Afrika wächst die Pflanze zum Teil wie Unkraut überall an Wegrändern und da, wo man sie lässt. Landwirtschaftliche Kleinprojekte haben sich diese Wachstumsfreude und Lebenslust der mexikanischen Sonnenblume nun zu Nutze gemacht. Indem eine dicke Mulchschicht aus Tithonia auf Kulturflächen gegeben wird, lassen sich die Erträge verdoppeln – ohne der Erde Schaden zuzufügen.

Schwingung
Ich nehme drehende, zartgelbe Lichtwirbel wahr, die sich ganz schnell und leicht durch meinen Körper bewegen. Die Energie hat eine unglaubliche Leichtigkeit und ist voller kribbelnder, anregender Impulse.

Wirkungsweise
Die sprudelnde, wirbelnde Energie der Tithoniaessenz repräsentiert für mich Lebenslust pur. Sie fließt zuerst in den Solarplexus, unser drittes Chakra. Dabei wird dieses Chakra aktiviert, ausbalanciert und so lange mit neuer Energie aufgeladen, bis es wieder voller Lebendigkeit ist. Über den Solarplexus strömt die Energie weiter in den Emotionalkörper, unseren zweiten Energiekörper, und überflutet ihn mit neuer Frische und Vitalität. Von dort aus sprudelt die Kraft und Lebendigkeit der Essenz in unserer Aura weiter nach aussen – bis in den siebten Energiekörper. Gleichzeitig breitet sich die quirlige Energie wogenartig vom Solarplexus bis zum Dritten Auge aus.

Wie wirkt sich nun die Aktivierung des Solarplexus und des Emotionalkörpers konkret aus? Stellen Sie sich vor, Sie sind traurig, niedergeschlagen oder verzweifelt, wissen nicht mehr weiter und finden alles nur noch öde. Da wirbelt plötzlich eine kleine Sonne auf sie zu und umarmt sie wie eine gute Freundin. Sie lacht, kitzelt, streichelt, tröstet und gibt Kraft und Freude, das Leben wieder lachend anzunehmen. Tithonia kann diese »Sonnenfreundin« sein, wenn wir trauern oder unglücklich verliebt sind, wenn alles sinnlos erscheint oder wenn uns Freunde fehlen und wir uns ungeliebt fühlen. Die mexikanische Sonnenblume hilft uns, das Herz wieder zu öffnen, und gibt uns Mut und Vertrauen, unsere ehrlichen Gefühle und alle Aspekte des Lebens zuzulassen und liebevoll anzunehmen. Indem die Essenz auch das Dritte Auge aktiviert, hilft sie bislang Verworrenes zu ordnen: Man gewinnt neue Einsichten, erkennt plötzlich Zusammenhänge und wird sich insgesamt klarer über seine Wünsche, Träume und Ziele. Diese Klarheit und der neu gewonnene Mut führen dazu, dass wir tatkräftig vorwärts gehen und ungesunde Situationen verändern können. In gleichem Maße, wie wir unsere Wahrheit wieder leben, gewinnen wir auch unsere Lebendigkeit und unsere Lebenslust zurück und können das Leben jetzt in vollen Zügen genießen.

Tithonia diversifolia verhilft uns bei vielen emotionalen Problemen zu unkomplizierten, pragmatischen Lösungen. Sie hindert uns daran, belanglose Situationen zu sehr zu dramatisieren. Leichtigkeit und Klarheit sind ihre Wege. Wenn es sich um tiefe Wunden und Traumata handelt, hilft Tithonia allerdings nur begrenzt weiter. Hier ist es angebracht, mit Solandra nitida zu arbeiten: Letztlich ist es unerlässlich, einmal innezuhalten und den Rucksack, den man schon so lange mit sich rumschleppt, endlich auszupacken, um die Themen auf tieferer Ebene bearbeiten und abschließen zu können.

Besonderheit

• Während und nach der Herstellung duftete das energetisierte Wasser, der Garten und das Haus stundenlang intensiv nach Honigmilch. Die Tithonia erinnerte mich liebevoll daran, die »Süße des Lebens« aus vollem Herzen zu genießen – dabei bietet sie uns bereitwillig ihre Hilfe an.

Fallbeispiel

Vor einigen Jahren suchte mich Sybille, eine junge Frau im Alter von etwa 37 Jahren, auf. Seit 15 Jahren war sie mit einem Mann verheiratet, der anhaltend unter Angstzuständen und Depressionen litt. Sie hatten drei Kinder. Sybille kam verzweifelt zu mir, weil sie sich in einen anderen Mann verliebt hatte, aber keine Möglichkeit sah, aus ihrem, wie sie es nannte, »Gefängnis« zu entkommen. Ich fragte sie, warum sie ihren Mann geheiratet hatte und ob sie ihn denn damals geliebt hätte. Sybille kam aus einem streng katholischen, sehr durch Traditionen geprägten Elternhaus. Lange hatte sie ihren 18. Geburtstag herbeigesehnt, an dem sie endlich von zu Hause ausziehen und in eine andere Stadt gehen konnte. So ganz alleine auf sich gestellt, fühlte sie sich jedoch ziemlich verlassen. In dieser Situation lernte sie ihren Mann kennen. Weil sie beide schlecht allein sein konnten, taten sie sich bald zusammen und heirateten. Ihre Liebe gründete sich jedoch auf gegenseitige Abhängigkeit: »Ich liebe dich, weil ich dich brauche, um meine Einsamkeit nicht spüren zu müssen.«

Anfangs ging alles ganz gut, doch mit der Zeit entwickelten sich die beiden auseinander. Motiviert von dem Anspruch, gut für ihre Kinder zu sorgen, begann Sybille ihr Leben in die eigene Hand zu nehmen: Sie machte eine Ausbildung zur Krankenschwester, arbeitete, versorgte die Kinder und den Haushalt und auch noch ihren Mann, der sich zunehmend in Angst und Depression, in Selbstvorwürfe und Zweifel flüchtete. Wenn es ihr besonders gut ging, wurde er meistens krank, so dass sie gezwungen war, sich um ihn zu kümmern. Im Elternbeirat lernte sie dann Rainer kennen: Er war 42 Jahre alt, verheiratet und hatte zusammen mit seiner chronisch kranken Frau, die ihm ständig mit Selbstmord drohte, zwei Kinder. Rainer und Sybille fühlten sich sehr zueinander hingezo-

gen. Sie liebten sich, waren aber ziemlich verzweifelt, weil sie keinen Weg sahen, irgendwie zusammenzukommen.

Nach mehreren Beratungsgesprächen gab ich Sybille die Blütenessenz Tithonia. Bald darauf begann sie entschlossen, Klarheit zu schaffen und für ihr Glück zu kämpfen. Zuerst klärte sie mit Rainer: Wollen wir wirklich zusammenleben? Was ist mit den Kindern? Wie kommen wir finanziell über die Runden? Kurz darauf sprach sie ehrlich und offen mit ihrem Mann: Ohne ihm Vorwürfe zu machen, gab sie ihm die Verantwortung für sein Leben zurück und erklärte, dass sie ihn verlassen werde. Schließlich fragte sie auch ihre Kinder: Was haltet ihr von meinen Plänen? Wer bleibt bei Papa und wer kommt mit mir? Und siehe da, das Unmögliche wurde möglich. Es gab eine Lösung. Heute leben Rainer und Sybille mit den zwei kleineren Kindern von Sybille und dem mittleren Kind von Rainer in einem Haus zusammen. Auch Rainer hat sich ehrlich und klar von seiner Frau getrennt. Obwohl seine Frau zunächst mit einem Zusammenbruch reagierte und schließlich psychiatrische und therapeutische Hilfe brauchte, hat sie inzwischen die Verantwortung für ihr Leben angenommen. Sie lebt jetzt mit ihrem jüngsten Kind und hat seit kurzem einen neuen Freund. Sybilles Exmann hat sich ebenfalls neu orientiert und eine neue Partnerin gefunden. Nur die Ehrlichkeit und Klarheit von Sybille und Rainer haben ihnen ermöglicht, ihre Lebensfreude und Lebenslust zu leben. Sybille strahlt heute übers ganze Gesicht. Sie ist glücklich, hat einen neuen Beruf und lebt aktiver denn je.

Essenz 28

Auraschutz

Auraschutz

Blütenmischung aus
Carica papaya: Ganzwerden/Heilwerden
Ricinus communis: Lethargie
Phoenix canariensis (Palmenstruktur): Schutz/Stärke

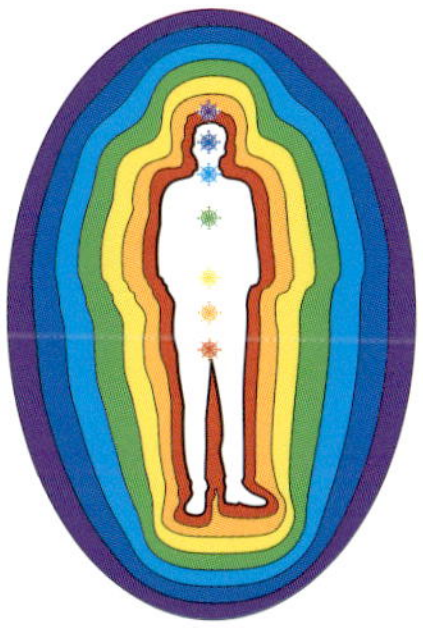

Thema

Freiwerden von Fremdbestimmung

Diese Blütenmischung kristallisierte sich während eines Besuchs von zwei sensitiven Heilerinnen und Freundinnen hier in La Palma heraus. Zum damaligen Zeitpunkt hatten wir drei ungewöhnlich viele Patienten, die über Schlafstörungen, Verwirrungen, Denkblockaden, Antriebsschwäche klagten. Wir sprachen über die möglichen Ursachen und stellten fest, dass stets die Kombination von Stress – Strom – Strahlung diese Symptome erzeugt hatte. Wenn auch die jeweiligen Auslöser von Mensch zu Mensch unterschiedlich waren, so gelangten wir doch immer zur gleichen Ursache.

Bei unserer Diskussion entwickelten wir die These, dass es so etwas wie eine »kugelsichere Weste« im energetischen Bereich geben sollte, um sich zu schützen. Zu jener Zeit hatte ich bereits Carica papaya und Ricinus communis und viele andere Essenzen hergestellt, und beiden Frauen waren diese Essenzen vertraut. Es zeigte sich, dass die gitterartige »Pflanzenfolie« der Phoenix-canariensis-Palme am ehesten der »Kugelsicheren-Westen-Theorie« entsprach. Sie bildet in der Aura eine wabenartige Struktur; zum Schutz vor allem, was herein oder heraus will. Allerdings stellte sich dies als Problem dar, denn völlig geschützt (wie in einer Schachtel verpackt, in die nichts mehr ein- noch ausströmen konnte) war auch nicht die Lösung!

Zusammen experimentierten, meditierten und probierten wir verschiedene Kombinationen. Die Energiefelder wechselten, schwächten oder verstärkten sich. Entweder boten die Essenzen nicht genügend Schutz oder sie schlossen hermetisch ab. Erst die Kombination von Carica papaya, Ricinus communis und Palmenstruktur brachte uns das gewünschte Ergebnis: Carica papaya bildet ein Lichtschild und verbindet nach unten. Ricinus communis erzeugt spiralförmige Energieräder, um alle Energiefelder innerhalb der Aura zu verbinden. Palmenstruktur wirkt wabenartig schützend und verbindet nach oben.

In gleichen Anteilen gemischt und mit Wasser und Alkohol (zur Konservierung) aufgefüllt, haben Sie hier einen wirksamen Auraschutz. Stellen Sie sich vor, dass so Ihre äußerste Auraschicht (die siebte) in einer höheren Energiefrequenz schwingt und sich ein feinstoffliches Schutzschild aufbaut.

Besonderheit

- In Kombination mit Meeressalzbädern hat sich die Essenzenmischung besonders bewährt.

Warnung

Der feinstoffliche Schutzmantel hält natürlich nicht Röntgenstrahlen, Radioaktivität, Starkstrom usw. in unbegrenztem Maße fern. Es wird lediglich die Aura unterstützt!

Hinweis

Statt an Symptomen zu arbeiten, ist es immer besser, die Störungsquelle ausfindig zu machen und abzustellen (zum Beispiel den Radiowecker aus dem Schlafzimmer entfernen, Netzfreischalter installieren, Stresssituationen vermeiden und sich ein neues Umweltbewusstsein erarbeiten).

1 Carica papaya
2 Ricinus communis
3 Phoenix canariensis

Kapitel 8

Verbindung mit anderen Heilmethoden

Akupunktur
Blütenessenzen lassen sich hervorragend mit der Traditionellen Chinesischen Medizin (TCM) ergänzen, da diese grundsätzlich den gleichen Ansatz bezüglich Gesundheit und Krankheit vertritt. Die TCM geht davon aus, dass es im menschlichen Energiesystem »Fülle« und »Leere« gibt, die es gilt, in Harmonie und in Fluss zu bringen. Traditionell überlieferte Kräuterrezepturen setzen primär auf der körperlichen Ebene an, und über die Akupunktur werden Blockaden auf der feinstofflichen Ebene gelöst. Die achtsame und differenzierte Befragung der Patienten in der TCM berührt häufig den psychotherapeutischen Bereich und hilft somit, psychische Störungen aufzudecken.

Wird dieses Therapiesystem noch zusätzlich durch Blütenessenzen ergänzt, so wird der Impuls zur Selbstheilung auf der Seelenebene auch noch aktiviert.

Allopathie
Allopathie ist das im Westen übliche Heilverfahren; eine Krankheit wird demnach mit dem Medikament behandelt, das eine der Krankheitsursache entgegengesetzte Wirkung zeigt. Das Gegenteil davon wäre die Homöopathie. Akute oder chronisch entzündliche Prozesse werden derzeit in der Schulmedizin überwiegend mit Antibiotika behandelt. Eine gleichzeitige Einnahme von Blütenessenzen stellt keine Kontraindikation dar. Beide Behandlungsarten schließen sich gegenseitig nicht aus, setzen sich gegenseitig nicht außer Kraft, ergänzen sich aber auch nicht.

Andere Blütenessenzen
Ich freue mich sehr, dass überall auf der Erde Menschen und Menschengruppen sich von den Pflanzenseelen rufen lassen und handeln! Auf diese Weise entstehen auf verschiedenen Kontinenten durchaus Essenzen, die aus den gleichen Blüten und Pflanzen hergestellt wurden. Dies ist nicht so sehr verwun-

derlich, da wir alle (Menschen, Tiere, Pflanzen, Erde, Erdwesen, Lichtwesen, Kosmos) energetisch miteinander verbunden sind und uns mit dem anstehenden Wandlungsprozess der Erde befassen.

Mit Wandlung geht immer auch eine große Veränderung einher – das macht uns Angst, erzeugt einerseits Panik, Chaos, Aggression und andererseits Rückzug, Ignoranz und Depression. Essenzen bieten sich uns als Geschenk der Schöpfung an, um die bevorstehende globale Transformation in Liebe, Achtsamkeit und Bewusstheit zu erleben, und geben uns die Möglichkeit, im positivsten Sinne daran mitzuarbeiten.

Grundsätzlich lassen sich alle Essenzen miteinander mischen. Sie unterscheiden sich durch verschiedenartige Energiepotenziale und Reinheit, wodurch jeder Einzelne die Möglichkeit hat, die richtige Essenz zum richtigen Zeitpunkt zu finden!

Aromatherapie
Hundert Prozent naturreine ätherische Öle werden durch Wasserdampfdestillation aus aromatischen Pflanzen gewonnen, welche je nach Pflanze bis zu fünfzig verschiedene Wirkstoffe enthalten können. Sie wirken sowohl über die Nase auf das limbische System (im Gehirn, wo sich Logik und Gefühle treffen) als auch über die Haut – dadurch in das Innere des Körpers gelangend (Nerven, Organe, Hormone usw.). In einer Essenz ist der feinstoffliche Teil der Pflanze (Lichtenergie, Schwingungsinformation) enthalten. Die Kombination von Aromaölen und Essenzen erweist sich als absolut harmonisch: Pflanzenkörper und Pflanzenseele verbinden sich miteinander und wirken so auf Körper und Seele des Menschen – wobei Aromaöl und Essenz auch aus unterschiedlichen Pflanzen stammen können. Die zwei Systeme in Verbindung bringen ihre Heilkraft (auf physischer und feinstofflicher Ebene gleichermaßen) in folgenden Anwendungsbereichen am besten zur Entfaltung: als Raumspray, Massageöl, Badezusatz und in der Naturkosmetik (hingegen nicht in der Duftlampe).

Edelstein-, Klang- und Farbtherapie
Alle diese Therapieformen arbeiten mit Energiefrequenzen, weshalb sie sich mit Essenzen sehr gut kombinieren lassen. Edelsteine, Klang und Farbe wirken zwar auf unterschiedlichen energetischen Ebenen, vertreten jedoch den gleichen Heilungsansatz.

Als Beispiel sei hier das Zusammenspiel eines Orchesters angeführt, wo unterschiedliche Instrumente jeweils ihren Beitrag zum Gelingen der Symphonie beisteuern. Das Konzert kommt nicht zustande, wenn wir die einzelnen Musiker getrennt aufsuchen und anhören. Genauso kann der beste Therapieerfolg nur dann eintreten, wenn alle Therapieformen harmonisch aufeinander abgestimmt sind, zusammen wirken können und sich in der Hand eines »Dirigenten« befinden. Es ist nicht sinnvoll, gleichzeitig verschiedene Therapeuten mit unterschiedlichen Therapieformen aufzusuchen.

Homöopathie
Vor etwa zweihundert Jahren entwickelte der Arzt Samuel Hahnemann die Homöopathie – nach dem Grundsatz: »Ähnliches möge mit Ähnlichem geheilt werden.« Bei diesem Heilverfahren wird der Kranke mit kleinsten Dosen von Mitteln behandelt, die beim Gesunden die gleichen Krankheitserscheinungen hervorrufen würden. Interessant ist, dass ein Großteil der Mittel, die in der Homöopathie Verwendung finden, aus Pflanzen bestehen, welche mit Hilfe des Informationsträgers »Wasser« hergestellt werden. Dazu werden Pflanzenteile (wie bei der Essenzenherstellung) in Wasser gelegt. Diese Urtinktur wird anschließend verdünnt und verschüttelt, was nun den Unterschied zu Essenzen ausmacht. Aufgrund des Verschüttelungsprinzips werden die Wassermoleküle zu immensen Energiespeichern. Die einmalige Einnahme eines Mittels in einer Potenz von C 200 hinterlässt Spuren in der Aura: Ein heller Fleck wird sichtbar. Dies entspricht einem Energiedepot, welches über längere Zeit energetische Information in der Frequenz des Mittels in die Aura schickt. Die einmalige Anwendung einer Blütenessenz wirkt im Energiekörper über Minuten bis Stunden, während ein homöopathisches Mittel, abhängig von der Potenz, auch über Monate wirken kann. Dies ist der Grund, weswegen man mit homöopathischen Hochpotenzen keine Selbstversuche anstellen, sondern sich in die Hände eines ausgebildeten Homöopathen begeben sollte. Da Blütenessenzen keine Energiedepots bilden, beeinflussen sie die Wirkung von homöopathischen Mitteln keineswegs, jedoch können sich beide Energieflüsse überlagern; dies kann für den Behandler und den Patienten zu Irritationen führen, sofern der Behandler nicht aurasichtig ist. Keinesfalls sollte während der Einnahme von Hochpotenzen eine tägliche Anwendung von Blütenessenzen erfolgen. Möchten Sie dennoch beide Therapieformen mischen, sollte Ihr zuständiger Therapeut davon in Kenntnis gesetzt

werden, um den Behandlungsverlauf entsprechend anzupassen.

Während meiner fünfzehnjährigen Beschäftigung mit Homöopathie konnte ich in der Aura vieler Menschen wahrnehmen, dass oft schon ein paar Tage nach der Einnahme von homöopathischen Einmalgaben das Energiedepot völlig verschwunden war. Heute bin ich der Ansicht, dass durch die Veränderung unserer Lebenssituation (»Stress, Strom, Strahlung«) sich die Homöopathie mitverändern, sprich anpassen sollte. Damit meine ich, dass die alten Lehrmeinungen überprüft werden müssen! Oft habe ich beobachtet, dass das richtige Mittel verabreicht wurde, jedoch in einer zu niedrigen Potenz; oder die Patienten mussten zwei bis drei Monate auf ihren nächsten Behandlungstermin warten, obwohl in ihrer Aura zu sehen war, dass sie schon nach einer Woche die Fortsetzung ihrer Behandlung gebraucht hätten.
Glauben Sie nicht auch, dass Hahnemann, wenn er heute leben würde, seine Therapieform weiterentwickelt hätte?

Körperarbeit (Fußreflexzonen-, Akupunktmassage, Shiatsu usw.)
Seelische Blockaden stellen sich häufig als Symptomkomplexe auf der körperlichen Ebene dar. Ein guter Körpertherapeut versucht deshalb über Gespräche die Ursachen der Störung herauszufinden. Schwierig wird es, wenn die Blockade des Patienten so stark ist, dass die Ursache verborgen bleibt. Noch komplizierter wird es für den Behandler, wenn der Patient innerlich schon so »gespalten« ist, dass er die Verbindung von körperlichem Symptom und seelischer Störung nicht erkennen will. An dieser Stelle wird Therapiearbeit zur Dienstleistung! Für beide Seiten können Essenzen eine positive und effektive Zusammenarbeit bewirken.

Phytotherapie (Kräuterheilkunde)
Kräuter, ganze Pflanzen, Rinden, Wurzeln, Blüten, Blätter, Früchte und Samen und deren Weiterverarbeitungsverfahren wie Salben, Tees, Tinkturen, Aufgüsse usw. sind der Ursprung unserer alten traditionellen Medizin (Volksheilkunde). Im Prinzip sind darin schon die Blüten- und Pflanzenessenzen enthalten (siehe Kapitel 3, »Heilende Kräfte der Pflanzen«).

Psychotherapie
Für alle Formen von Psychotherapie ist die zusätzliche Anwendung von Blütenessenzen wärmstens zu empfehlen, da sie häufig einen katalytischen Effekt während des Therapieprozesses bewirken. Die Essenzen öffnen den Zugang zur Seelenebene des Patienten. Das kann bedeuten, dass Erkenntnis- und Problemlösungsansätze schneller und klarer verlaufen und erkannt werden. Für den Therapeuten hat dies den Vorteil, dass sich Patienten eigenverantwortlicher mit ihren Themen auseinander setzen und sich nicht darauf verlassen, dass der Therapeut ihr Lebensdrama löst.

Yoga, Tai Chi, Qi Gong, Meditation usw.
Da in diesen Praktiken das Verständnis und die achtsame Auseinandersetzung mit spiritueller Bewusstseinserweiterung als Basis vorhanden ist, erübrigen sich Erklärungen, weshalb auch hier die Essenzen wertvolle Unterstützung leisten können.

Kapitel 9

Neue Vision

In den letzten fünf Jahren auf La Palma habe ich mir einen lang ersehnten Wunsch erfüllt: Zeit haben. Zeit zum Spüren; Zeit, Pflanzenessenzen herzustellen; Zeit zum Leben und Lachen; Zeit, an mir selbst zu arbeiten; Zeit für meine Tochter Katharina; Zeit, um einen großen Garten anzulegen; Zeit, um Kraftplätze zu entdecken und dort zu meditieren; Zeit, um mit meinen Tieren zu spielen und zu leben; Zeit für eine neue Beziehung; Zeit, um ruhiger und achtsamer zu werden; Zeit für „Gespräche" mit meinen Geistführern. In diesen „Gesprächen", die früher fast ausschließlich während einer Meditation stattfanden, habe ich viel gefragt, aber selten eine Antwort erhalten, die, wenn sie überhaupt kam, mich in Form einer Parabel erreichte.

Irgendwann jedoch wurde ich ruhiger und geduldiger, denn immer, wenn ich die genaue Richtung meines Weges oder die Wertigkeit einer Sache nicht wusste, konnte ich auf meine innere Führung vertrauen. Jetzt begann ich zuzuhören. Dies bewirkte, dass ich mich weniger unter Druck setzte und gleichzeitig öfter mit meinen Geistführern und anderen Lichtwesen in Kontakt war. Durch meine häufigen Fragen, die ich früher immer gestellt und über die ich anschließend ständig nachgedacht hatte, war mein Kommunikationskanal dauerhaft blockiert. Jetzt war er offen. Die Pflanzendevas kamen, während ich im Garten arbeitete, und ich hörte sie im Kopf sprechen. Elfen und Feen begleiteten mich oft in der Natur und machten mich auf Kraftplätze aufmerksam. Beim Einkaufen fragte ich meine Geistführer, was denn hochwertig und energetisch das Richtige für mich und meine Familie wäre, was zur Folge hatte, dass Früchte und Gemüse förmlich aufzuleuchten begannen. Ich hörte also auf, Einkaufszettel zu schreiben, und verließ mich immer mehr auf meine Intuition, Wahrnehmung und innere Führung.

Bei meiner Suche nach metaphysisch korrekten Antworten und Beispielen konnte ich plötzlich spüren, wie sich Wesenheiten liebevoll neben mich stellten und mir halfen, indem sie vor meinem geistigen Auge „Film und Text" ablaufen ließen. Von diesem Zeitpunkt an wurde der „Informationsfluss" – von beiden Seiten aus – immer mehr aktiviert, was sich positiv auf meine Seminare, Workshops sowie in der Kommunikation mit Menschen, Tieren und Pflanzen auswirkte.

Vor etwa zwei Jahren teilten mir meine Geistführer mit, dass sie mit den bis dahin hergestellten Blütenessenzen zufrieden seien, dies aber erst der Beginn einer Reise sei. Sie zeigten mir Pflanzenessenzen, Meeresessenzen und Gewürzessenzen, die jetzt noch herzustellen seien. Hier die Übersicht aller Essenzen, wie ich sie von meinen Geistführern erhalten habe:

Kanarische Blütenessenzen der Liebe
Thema: Liebe in allen Aspekten, Emotionalkörper heilen, Aktivierung des Herzchakras.

Kanarische Pflanzenessenzen der Entwicklung
Thema: Persönlichkeitsentwicklung, Ganzwerden, Heilwerden, „Ich bin", der Mensch als Mikrokosmos.

Kanarische Meeresessenzen der Transformation
Thema: Transformation/Bewusstwerdung.

Kanarische Gewürzessenzen der Weisheit
Thema: Spirituelle Weiterentwicklung, Achtsamkeit, Erkenntnis, Bewusstsein, Liebe und Freude.

Zusammen mit anderen sensitiven Menschen, Heilern und Heilerinnen suche ich bereits mit Hilfe meiner Geistführer die neuen Essenzen, um meinen Auftrag zu erfüllen. In Seminaren und Workshops in den verschiedensten Ländern bringe ich den Menschen die neuen Ebenen der feinstofflichen Essenzen nahe und versuche, zu einem Zeitpunkt der Wandlung hier auf der Erde positiv beizutragen.

Ich bedanke mich von ganzem Herzen bei ALLEN, die mich in den schwierigen Phasen meines Weges unterstützt haben und zum Gelingen dieser Vision beigetragen haben und beitragen werden.

Kapitel 10

Bezugsadressen, Workshops, Seminare und Literatur

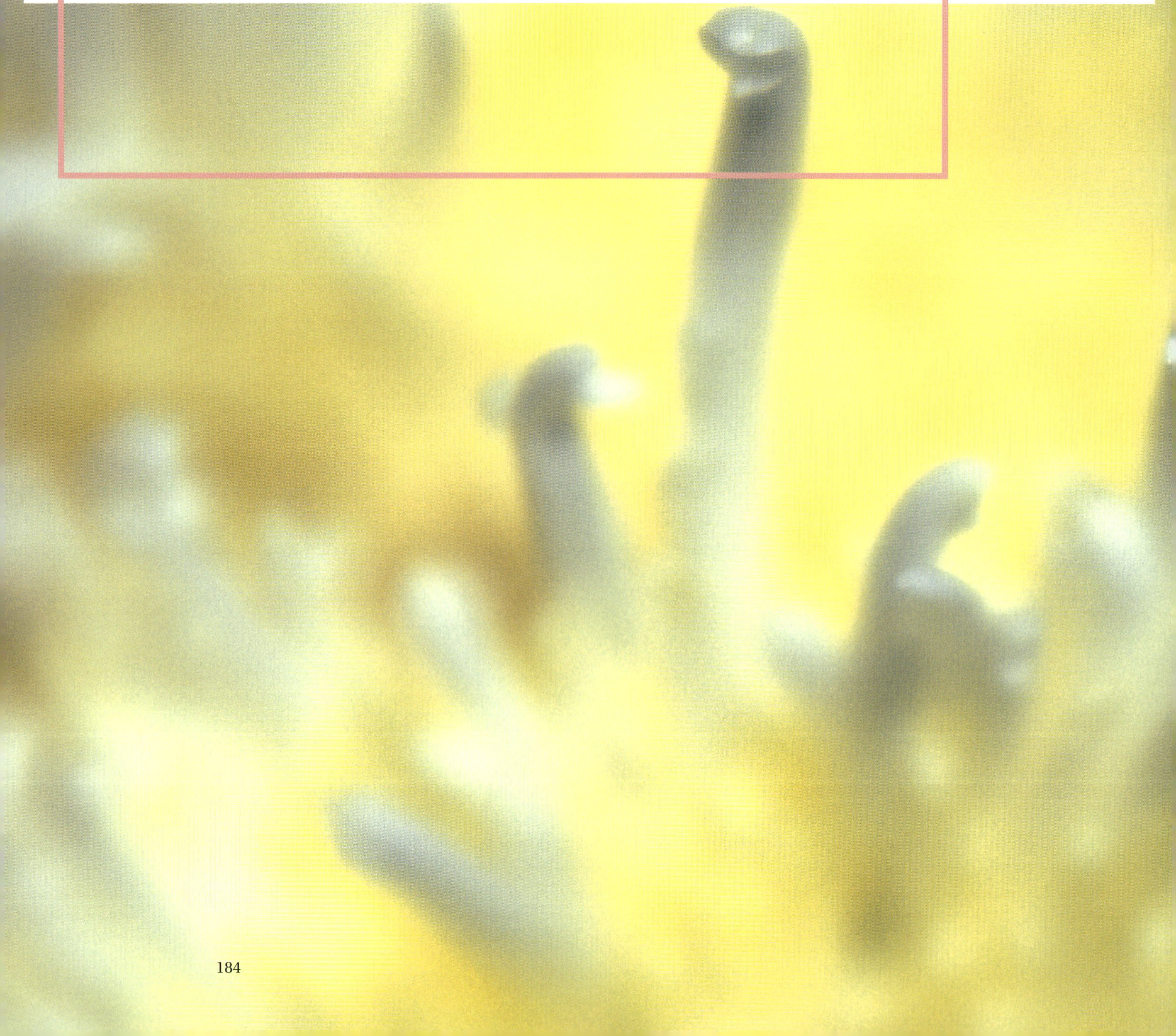

Kanarische Blütenessenzen der Liebe
Das komplette Set mit 28 Essenzen ist in einer handgenähten Ledermappe nach Feng-Shui-Maßen gefertigt und enthält langlebige Apothekerflaschen aus dunklem Glas höchster Qualität und Tropfpipette mit verstärktem Kautschukoberteil. Bitte fordern Sie die aktuelle Preisliste unter einer der folgenden Adressen an:

Bezugsadressen

Eva Katharina Hoffmann
Sergio Hernández Diáz
Los Callejones 127
E-38730 Villa de Mazo
Sta. Cruz de Tenerife, La Palma
Fax: 0034-922-44 02 85
www.auraflor.com
E-Mail: info@auraflor.com

Homöo-Set
Königstraße 92-94
D-89165 Dietenheim
Tel. ++49-(0)7347-91 90 06
Fax ++49-(0)7347-91 90 07
www.homoeo-set.de
E-Mail: c.s.t.@homoeoset.com

Workshops und Seminare

Wenn Sie Interesse haben, mit mir die Blütenessenzen live zu erleben, melden Sie sich bitte per E-Mail oder Fax. Da ich aufgrund meiner Seminartätigkeit viel auf Reisen bin, bitte ich um Nachsicht, wenn ich mich nicht sofort bei Ihnen rückmelden sollte.

Die Seminare werden in Deutschland, Österreich, Schweiz, Italien und Spanien stattfinden. Eine lebendige und fröhliche Atmosphäre bildet den Rahmen meiner Kurse. Wissensvermittlung erfolgt nicht über Vorträge, sondern über unmittelbare Erfahrung: Sie können direkten Kontakt zu den Blütenessenzen bekommen und lernen, sie zu spüren und anzuwenden.

Literatur

Ich möchte Ihnen hier einige Bücher vorstellen, die mich auf meinem Weg begleitet haben und die metaphysisch korrekt sind.

Pflanzen:
Eva Katharina Hoffmann
• Energiepflanzen im Haus
Mosaik Verlag, ISBN 3-576-10795-9

Wolverton, B. C.
• Gesünder leben mit Zimmerpflanzen
UGS Verlag

Daguy Kerner + Imre Kerner
• Der Ruf der Rose
Ki Wi Verlag, ISBN 3-462-02391-8

Wolf Dieter Storl
• Pflanzen der Kelten
AT Verlag, ISBN 3-85502-705-6
• Pflanzendevas
AT Verlag, ISBN 3-85502-763-3

Stefan Brönnle
• Der Paradiesgarten
AT Verlag, ISBN 3-85502-689-0

Vicky Gabriel
• Der alte Pfad
Arun Verlag, ISBN 3-927-940-55-0

Amanda Cochrane, Clare G. Harvey
• Die Enzyklopädie der Blütenessenzen
Goldmann Verlag, ISBN 3-442-14155-9

Anne McIntyre
• Das große Buch der heilenden Pflanzen
Irisana Verlag, ISBN 3-89631-196-4

Bruno Vonarburg
• Homöotanik
Farbiger Arzneipflanzenführer der klassischen Homöopathie
Haug Verlag, ISBN 3-8304-7029-0

René A. Strassmann
• Baumheilkunde
AT Verlag, ISBN 3-85502-611-0

Hugo Hertwig
• Gesund durch Pflanzen
Schaffer Verlag Berlin (Antiquariat 1938)

S. Flamm, Ludwig Kroeber
• Rezeptbuch der Pflanzenheilkunde
Hippokrates Verlag Stuttgart
(Antiquariat 1934)

Geomantie:
Paul Devereux
• Das Gedächtnis der Erde
AT Verlag, ISBN 3-85502-666-1

Marko Pogačnik
• Schule der Geomantie
Knaur Verlag, ISBN 3-426-87033-9

• Die Erde wandelt sich
Knaur Verlag, ISBN 3-426-87097-5

Vom selben Autor:
• Elementarwesen
• Wege der Erdheilung
• Erdsystem und Christuskraft

Gesundheit:
Barbara Ann Brennan
• Lichtarbeit
Goldmann Verlag, ISBN 3-442-12054-3

Manfred Müller
• Das Gesicht als Spiegel der Gesundheit
Ratgeber Ehrenwirth, ISBN 3-431-04020-9

Louise L. Hay
• Gesundheit für Körper und Seele
Heyne Verlag, ISBN 3-453-03764-2

Anne Meguire
• Hauterkrankungen als Botschaft der Seele
Knaur Verlag, ISBN 3-426-76039-8

Goleman + Dalai Lama
• Die heilende Kraft der Gefühle
dtv, ISBN 3-423-36178-6

Wofgang Maes
• Stress durch Strom und Strahlung
Institut für Baubiologie + Ökologie
Neubeuern IBN (Bestellung: Tel. 08035 20 39, Fax 08035 81 64)

Roger Kalbermatten
Wesen und Signatur der Heilpflanzen
Die Gestalt als Schlüssel zur Heilkraft der Pflanzen

Aufgrund der Signatur, also bestimmter äußerer Kennzeichen der Pflanze kann man auf ihr Wesen und damit ihre Heilwirkung schließen. Jede Pflanze besitzt eine körperlich-seelische Doppelwirkung, und erst wenn diese beiden eine Entsprechung zum körperlich-seelischen Zustand des Patienten aufweisen, können wir von einer ganzheitlichen Heilwirkung sprechen.

Dieses Grundlagenwerk für die Praxis führt Therapeuten und Patienten zu einem vertieften Verständnis der 45 bei uns gebräuchlichsten Heilpflanzen und damit zur Wahl des richtigen Heilmittels. 45 eindrückliche ganzseitige Farbfotos ermöglichen einen visuellen Zugang zu den Signaturen der vorgestellten Pflanzen.

Patricia Kaminski, Richard Katz
Handbuch der kalifornischen und englischen Blütenessenzen

Auf der Grundlage der Bach-Blütentherapie entwickelten die Autoren ein System von 103 Blütenessenzen, die in ihren Wirkungen und Anwendungen insbesondere den Anforderungen der heutigen Zeit entsprechen. Viele dieser Pflanzen, wie Sonnenblume, Königskerze, Johanniskraut, Borretsch, Veilchen oder Ringelblume, sind auch bei uns heimisch.

Das Buch bietet eine umfassende Übersicht über die 103 kalifornischen und die 39 englischen Blütenessenzen, ihre Anwendung und Wirkungen. Ein alphabetisch geordneter Nachschlageteil zu sämtlichen seelischen Problembereichen und ein alphabetisches Verzeichnis sämtlicher Blütenessenzen mit ihren Eigenschaften, Wirkungen und Querverweisen erleichtern die praktische Arbeit.

Das umfassende und systematische Standardwerk zu den kalifornischen und englischen Blütenessenzen.

Susanne Fischer-Rizzi
Botschaft an den Himmel
Anwendung, Wirkung und Geschichten von duftendem Räucherwerk

Beim Räuchern werden besondere Harze und Pflanzenteile langsam auf Räucherkohle verbrannt. Der aufsteigende Rauch galt bei vielen Völkern jahrtausendelang als eine Botschaft an den Himmel.

Das Buch bietet eine umfassende Darstellung der Kunst des Räucherns mit Duftstoffen – von der Altsteinzeit über die Hochkulturen in Ägypten, Mesopotamien und Griechenland bis zum Ursprung der Räucherkultur im Fernen Osten und bis zu den heute noch lebendigen Gebräuchen bei den Indianern.

Mit einer ausführlichen Beschreibung der Geschichte der einzelnen Räuchersubstanzen, ihrer praktischen Anwendung in der heutigen Zeit und bisher unveröffentlichten Rezepten zum Selbstmischen.

Susanne Fischer-Rizzi
Himmlische Düfte
Aromatherapie – Anwendung wohlriechender Pflanzenessenzen und ihre Wirkung auf Körper und Seele

Der grosse Klassiker der Aromatherapie in Neuausgabe.

Dieses Buch lädt ein zu einer Reise ins Reich der Pflanzendüfte. Die in der Aromatherapie eingesetzten ätherischen Öle wirken ganzheitlich auf Körper und Seele, sie wecken und stärken die Selbstheilungskräfte und die Lebenskraft und haben eine tiefe Wirkung auf unsere Psyche.

Das Buch zeigt die verschiedenen Anwendungsmethoden und beschreibt ausführlich die wichtigsten Essenzen mit Angaben zur Botanik, zu ihren Inhaltsstoffen, ihrem Charakter nach der traditionellen Einteilung in Yin und Yang sowie ihren körperlichen und geistig-seelischen Wirkungen. Dabei fließen die reichen Erfahrungen der Autorin auf der Grundlage der neuesten Forschungsergebnisse zur Aromatherapie und ihr Wissen über traditionelle Rezepte mit ein. Ein wertvoller therapeutischer Index hilft bei der Auswahl der richtigen Essenz.

Richard Kellenberger, Friedrich Kopsche
Mineralstoffe nach Dr. Schüssler
Ein Tor zu körperlicher und seelischer Gesundheit

Bereits in der 11. Auflage – 140 000 verkaufte Exemplare.

Viele körperliche und seelische Leiden sind auf einen Mangel an anorganischen Stoffen im Körper zurückzuführen. Im Zentrum der Therapie stehen 12 körpereigene Mineralsalze, die im Apothekenhandel rezeptfrei erhältlich sind.

Das Buch beruht auf der langjährigen Erfahrung der Autoren in Heilpraxis und Seminarien. Der klare Aufbau mit ausführlichem Symtomregister macht es zu einem praxisorientierten Ratgeber und wertvollen Begleiter für Fachleute und Laien.

Bruno Vonarburg
Natürlich gesund mit Heilpflanzen

Ein praxisorientierter, farbig reich illustrierter Ratgeber für gesunde und kranke Tage. 80 Heilpflanzen und ihre Verwendung bei 80 Krankheiten werden ausführlich beschrieben.

Jede Pflanze wird in einem informativen Text vorgestellt, gefolgt von den botanischen Merkmalen, praktischen Hinweisen zur Bestimmung in der freien Natur, Sammeltipps und zum Anbau im eigenen Garten. Anschließend wird jeweils die Haupttheilwirkung der Pflanze beschrieben mit Hinweisen zur praktischen Anwendung und Rezepten.

Gesundheit aus der Natur – in fundierten Texten und zuverlässigen Rezepten.